Linda Marie Bock

Kann guter Unterricht die Schüler motivieren?

Zum Zusammenhang zwischen der Erklärfähigkeit der Lehrer und der Motivation von Schülern

Bibliografische Information der Deutschen Nationalbibliothek:

Die Deutsche Nationalbibliothek verzeichnet diese Publikation in der Deutschen Nationalbibliografie; detaillierte bibliografische Daten sind im Internet über http://dnb.d-nb.de abrufbar.

Impressum:

Copyright © Studylab 2019

Ein Imprint der GRIN Publishing GmbH, München

Druck und Bindung: Books on Demand GmbH, Norderstedt, Germany

Coverbild: GRIN Publishing GmbH | Freepik.com | Flaticon.com | ei8htz

Inhaltsverzeichnis

1 Einleitung 1

2 Theoretischer Hintergrund 3

    2.1 Motive, Motivation, Selbstwirksamkeitserwartung und Leistung 3

    2.2 Die Attributionstheorie, attributionale Theorien und Erfolgserwartungen ... 7

    2.3 Zusammenfassung der wichtigen Begriffe 11

    2.4 Die Erklärfähigkeit von Lehrkräften 12

    2.5 Die Fragebogen-Methode 13

3 Empirische Untersuchung 14

    3.1 Fragestellung 14

    3.2 Methode 14

    3.3 Testgütekriterien 18

4 Ergebnisse der ersten Befragung 22

    4.1 Darstellung der Ergebnisse der ersten Befragung 22

    4.2 Interpretation der Ergebnisse der ersten Befragung 26

5 Durchführung der Unterrichtseinheit und Reflexion 29

6 Ergebnisse der zweiten Befragung 31

    6.1 Darstellung der Ergebnisse des Fragebogens der zweiten Befragung im Vergleich zur ersten Befragung 31

    6.2 Interpretation der zweiten Befragung 35

    6.3 Darstellung und Interpretation der Ergebnisse der Leistungsabfrage 38

7 Interpretation der Veränderungen im Fragebogen und der Verbindung zur erbrachten Leistung 41

    7.1 Leichter Test Klasse „schlechte Erkl.": Martin 41

    7.2 Mittelschwerer Test Klasse „schlechte Erkl.": Li 42

    7.3 Schwerer Test Klasse „schlechte Erkl.": Sascha 44

7.4 Leichter Test Klasse „gute Erkl.": Laura 45

7.5 Mittelschwerer Test Klasse „gute Erkl.": Jasmin 46

7.6 Schwerer Test Klasse „gute Erkl.": Mia 47

8 Abschließende Diskussion **48**

Literaturverzeichnis **50**

Anhang **52**

Anhang I.: Fragebogen und Test 52

Anhang II.: Fiktive Sprache 55

Anhang III.: Auswertungstabellen 57

1 Einleitung

Die Motivation der Schülerinnen und Schüler[1] hat auf Grund des komplexen und rekursiven Zusammenhangs eine hohe Auswirkung auf die Leistung derselbigen. Ist ein Verhalten motiviert, ist es ein zielgerichtetes Verhalten und eine Absicht der Handlung wird generiert, diese in eine tatsächliche Handlungen umgesetzt, erfolgreich ausgeführt und am Ende bewertet. Dabei ist es erst einmal egal ob die Motivation extrinsisch oder intrinsisch ist - ohne Motivation ist ein Handeln in dieser Form nicht möglich.[2] Somit hat die Motivation auch eine kognitive Komponente, was für die späteren Betrachtungen von großer Bedeutung sein wird.

Je nachdem wie groß das Leistungsmotiv ausgeprägt ist, ist das Bedürfnis nach Erfolg, Anerkennung und Bestätigung, aber auch die Angst vor dem Misserfolg und dem eigenen Versagen, hoch. Dominiert hier das Bedürfnis nach Erfolg, kommt es zu einer tatsächlichen Leistung. Dominiert allerdings die Angst vor Misserfolg, führt das häufig zu Vermeidungsstrategien und keiner tatsächlichen Leistung.

Für die Leistungsmotivation gibt es auf Grund der Komplexität kein einheitliches Konzept, sondern verschiedene Theorien, wie beispielsweise das Risiko-Wahl-Modell von Atkinson, die unterschiedliche Aspekte erläutern.[3] Diese möchte ich zusammen mit der Korrelation von Motivation, Motiv und Leistung, sowie der Selbstwirksamkeitstheorie, in meiner Arbeit darlegen, um eine Grundlage für den eigentlichen Gegenstand der Fragestellung, der Korrelation zwischen der Erklärfähigkeit und der Leistungsmotivation, zu schaffen.

Unterricht ist nach Chomsky immer kompetenzorientiert, denn das gelehrte Wissen soll die Performanz der SuS zu Gunsten der sprachlichen Kompetenz verbessern.[4] Wenn dem so ist, dann hat der Input der Lehrerinnen und Lehrer[5] einen Einfluss auf die kognitive Leistung der SuS. Und wenn die Motivation eine kognitive Komponente hat[6], dann besteht auch eine Korrelation zwischen der Erklärungsfähigkeit der LuL und der Motivation der SuS, entsprechende Aufgaben zu lösen. Die Theorie über diese Korrelation möchte ich in meiner Bachelorarbeit mit Hilfe einer

---

[1] Schülerinnen und Schüler im Folgenden SuS.
[2] Vgl. Rubikonmodell der Handlungsphasen, Heckhausen.
[3] Atkinson: Einführung in die Motivationsforschung.
[4] Chomsky: Knowledge of language.
[5] Lehrerinnen und Lehrer im Folgenden LuL.
[6] Heckhausen, Jutta: Motivation und Handeln.

kurzen empirischen Studie in einer Realschule überprüfen. Dazu soll zwei Schülergruppen eine fiktive Sprache beigebracht werden, der einen von einem Lehrer mit hoher Erklärfähigkeit und der zweiten von einem Lehrer mit einer niedrigen Erklärfähigkeit. Der Problematik, die Erklärfähigkeit von LuL zu messen, möchte ich in einem separaten Kapitel begegnen und begründet Kriterien zur Bewertung dieser, wie beispielsweise die Strukturiertheit, auswählen. Die SuS sollen einige Wochen vor und unmittelbar nach der Unterrichtseinheit einen Fragebogen[7] bekommen, mit dessen Hilfe ich eine Veränderung in der Motivation und der Attribution der SuS messen, sowie Rückschlüsse auf das Leistungsmotiv und das Selbstbild ziehen möchte. Außerdem sollen nach der Unterrichtseinheit einige Aufgaben, die das Verständnis des Erklärtem testen, beantwortet werden. Mit diesen Tests erwarte ich einen deutlichen Unterschied zwischen der Leistung beider Schülergruppen zu sehen, der sich auf der Erklärfähigkeit des Lehrers begründet.

---

[7] Siehe Anhang I.

2 Theoretischer Hintergrund

2.1 Motive, Motivation, Selbstwirksamkeitserwartung und Leistung

2.1.1 Motive und Leistungsmotivation

„Was der Turbolader für den Motor ist, das ist Motivation für die Arbeitsleistung."[8] Dieses Zitat von dem Autor Hermann Lahm veranschaulicht die Bedeutung von der Motivation für den Lernprozess und den Lernerfolg der SuS. Die Motivation wird als hypothetisches Konstrukt gesehen, als der Antrieb für Handlungen, die von eingeschränkter Dauer sind und ein bestimmtes Ziel haben.[9] In der Motivationspsychologie spricht man bei der Zielgerichtetheit von menschlichem Verhalten neben der kurzfristigen Motivation auch von langfristigen Motiven, die die Bereitschaft zur Zielverfolgung klassifizieren. Dabei wird das größte Forschungsinteresse auf die drei Motive Leistung, Macht und Anschluss gelegt, die in alltäglichen Situationen angeregt werden können. Diese Motive sind bei jedem Menschen unterschiedlich stark ausgeprägt und führen zu verschiedenen Verhaltensweisen und unterschiedlichen Handlungsmustern.[10] Die Motive und die dadurch generierten Werte und Erwartungen sind die wichtigsten Komponenten, die die Motivation beeinflussen. Die Situation und die damit verbundenen Anreize sind ausschlaggebend für die Größe der aktuellen Motivation, aus der zuletzt das Verhalten entsteht.[11] Für diese Arbeit ist lediglich das Leistungsmotiv relevant, welches angeregt wird, wenn die Person sich mit Gütemaßstäben auseinandersetzt. Die Hoffnung auf Erfolg und die Angst vor Misserfolg sind dabei die entscheidenden Faktoren, deren Ausprägung für die Handlung des Menschen in zu bewertenden Leistungssituationen verantwortlich ist. Überwiegt die Hoffnung auf Erfolg, versucht die Person die Gütemaßstäbe zu übertreffen und orientiert sich dabei größtenteils an der bisherigen eigenen Leistung, greift also zur individuellen Bezugsnorm. Die Leistungen von anderen Personen spielen in der Regel eine untergeordnete Rolle. Dominiert die

---

[8] Lahm, Hermann *1948.
[9] Vollmeyer, Regina: Einführung. - In: Vollmeyer und Brunstein: Motivationspsychologie und ihre Anwendung, S. 9-11.
[10] Langens, Thomas A.: Motivmessung – In: Vollmeyer und Brunstein: Motivationspsychologie und ihre Anwendung, S. 72f.
[11] Vollmeyer, Regina: Einführung. - In: Vollmeyer und Brunstein: Motivationspsychologie und ihre Anwendung, S. 9-11.

Furcht vor Misserfolg, wird ein Scheitern den mangelnden eigenen Fähigkeiten zugeschrieben und versucht Situationen zu erschaffen, in denen der Erfolg beinahe unmöglich ist und das Scheitern somit anderen Gründen zugeschrieben werden kann.[12] Atkinson erarbeitete aus dieser Theorie das Risiko-Wahl-Modell, welches in der Forschung zu einer Vielzahl empirischer Studien anregte. Er bezeichnet das, was die Person erreichen möchte, als Anspruchsniveau, dessen erreichen oder übertreffen ein Erfolgserlebnis und deren Verfehlung ein Misserfolgserlebnis auslöst. Dieses Anspruchsniveau hängt, so nimmt Atkinson an, von der subjektiven Erfolgswahrscheinlichkeit und von dem Erfolgsanreiz ab. Gemeinsam mit Heckhausen zerlegt er das Leistungsmotiv in ein Erfolgs- und ein Misserfolgsmotiv, deren Ausprägung in der Summe die Gesamtmotivation ausmacht.[13]

Das Leistungsmotiv ist einer der drei unmittelbaren Determinanten für die Stärke der Leistungsmotivation. Gemeinsam mit der Erfolgswahrscheinlichkeit, die das Individuum in der Aufgabe sieht, und einem Anreizwert, die Aufgabe mit Erfolg zu erledigen, entsteht eine mehr oder weniger große Motivation, die geforderte Leistung zu erbringen.[14] Die Anregung eines Motivs in einer motivpassenden Situation wird als Motivierung bezeichnet. Die kognitive Komponente der Motivation ist die Handlungsorientierung, die das Individuum entscheiden lässt, wie sie auf eine Situation reagiert. Wichtig ist, die Begriffe *Motiv* als Personenmerkmal und die aus Situation und Motiv entstehende, aktuelle *Motivation* zu unterscheiden.[15]

Eine weitere Folge eines ausgeprägten Misserfolgsmotivs, die ich kurz ansprechen möchte, ist die Ausdauer. Misserfolge bei leichten Aufgaben führen, so das Ergebnis einiger Versuche, dazu, dass ein Großteil der Teilnehmer nicht ausdauernd weiter arbeitet. Außerdem haben diese Misserfolge einen schlechten Einfluss auf das Selbstbild, da die Unfähigkeit noch größer zu sein scheint, als sie ohnehin eingeschätzt wurde. Dies werde ich im Folgenden genauer untersuchen.[16]

---

[12] Langens, Thomas A.: Motivmessung – In: Vollmeyer und Brunstein: Motivationspsychologie und ihre Anwendung, S. 73-76., Vgl. auch Atkinson: Einführung in die Motivationspsforschung, S. 398 zur Vermeidung von Misserfolg.
[13] Rheinberg, Falko und Regina Vollmeyer: Motivation, S. 71-75.
[14] Atkinson: Einführung in die Motivatiosforschung, S. 393.
[15] Rheinberg, Falko und Regina Vollmeyer: Motivation, S. 70.
[16] Rheinberg, Falko und Regina Vollmeyer: Motivation, S. 78f.

2.1.2 Selbstwirksamkeitserwartung nach Schwarzer und Jerusalem

Die unterschiedliche Ausprägung der Motive spiegelt sich auch in der Selbstwirksamkeitserwartung der SuS wider. Die Selbstwirksamkeitserwartung definieren Schwarzer und Jerusalem „als die subjektive Gewissheit, neue oder schwierige Anforderungssituationen auf Grund eigener Kompetenz bewältigen zu können."[17]. Eben diese Gewissheit ist bei einer großen Angst vor Misserfolg gering. Die Person weiß in dem Fall welche Kenntnisse sie erwerben soll, sieht sich aber auf Grund von persönlichen Merkmalen nicht dazu in der Lage, sie zu erwerben.[18] In dem Moment wo dies geschieht, ist auch die subjektive Erfolgswahrscheinlichkeit gering, die sich im Unterschied zur Selbstwirksamkeitserwartung auf eine spezielle Aufgabe richtet und nicht auf alle persönlichen Kompetenzen. Die Erfolgserwartung, die ich in Kapitel 2.3. noch genauer erläutern möchte, hängt mit Erfahrungswerten früherer Erfolge und Misserfolge zusammen und ist das Resultat des Selbstkonzepts des Individuums.[19] Als Selbstkonzept bezeichnet man „die Gesamtheit der Einstellungen zur eigenen Person"[20], also die Persönlichkeitseigenschaften, die sich die Person selbst zuschreibt, und die affektiven und bewertenden Komponenten, die beispielsweise die Selbstachtung bilden.[21] Eine positive persönliche Einschätzung ist für den Schüler sehr wichtig, um eine hohe Motivation und ein hohes Leistungsniveau zu halten.[22] Wird die Selbstwirksamkeitserwartung der SuS gestärkt, kann somit auf Dauer auch das Leistungsmotiv und die Leistungsmotivation verbessert werden. Und umgekehrt: Lernerfolge, die den eigenen Fähigkeiten zugeschrieben werden, können das Leistungsmotiv verbessern und somit auch die Selbstwirksamkeitserwartungen, die Leistungsmotivation und letztendlich auch das Selbstkonzept. Schließlich können so positive Fremdbeurteilungen von als wichtig erachtenden Personen entstehen, die nun als Selbstbeurteilungen zum Bestandteil des Selbstkonzepts werden.[23]

---

[17] Schwarzer/Jerusalem: Das Konzept der Selbstwirksamkeit, S. 35.
[18] Schwarzer/Jerusalem: Das Konzept der Selbstwirksamkeit, S. 35.
[19] Atkinson: Einführung in die Motivationsforschung, S. 417f.
[20] Mummendey: Die Fragebogen-Methode S. 29.
[21] Mummendey: Die Fragebogen-Methode, S. 29.
[22] Schwarzer/Jerusalem: Das Konzept der Selbstwirksamkeit, S. 35f.
[23] Mummendey: Die Fragebogen-Methode, S. 31.

2.1.3 Auswirkung von Erfolg und Misserfolg auf die Motivation

Wie die Stärke einer Motivation entsteht habe ich in den vorherigen Absätzen besprochen. Doch wie kommt es zustande, dass ein Individuum beispielsweise eine schwache oder starke Erfolgserwartung in einer Aufgabe hat? Atkinson äußert dazu die Vermutungen, dass die Stärke der Erfolgserwartung als die Anzahl der erfolgreichen Handlungen dividiert durch die Anzahl der Handlungen insgesamt, und die Misserfolgserwartung dementsprechend als die Anzahl der nicht erfolgreichen Handlungen dividiert durch die Anzahl der Handlungen insgesamt, angegeben werden kann.[24] Er führt weiter aus, dass die Motivation bei einer Person mit einem hohen Leistungsmotiv nach einem Misserfolg zuerst steigt, da zwar die Erfolgserwartung sinkt aber der Anreiz steigt. Dauert der Misserfolg an, führt allerdings die so stark gesunkene Erfolgserwartung und dem nicht mehr steigenden Anreiz dazu, dass die Motivation nachlässt und verschwindet. Ist die Erfolgserwartung der Person niedrig und erlebt diese Person dann einen Misserfolg, nimmt die Motivation sofort ab.[25] Auch die Kausalattribution hat einen Einfluss auf die Erfolgswahrscheinlichkeit. Siehe dazu Kapitel 3.3.

Die subjektive Erfolgserwartung eines Individuums zu messen ist problematisch. Auch wenn die Lösung einer Aufgabe von dem Betrachter beispielsweise als schwierig angesehen und wegen der Wahl einer vermeintlich sehr schwer erfolgreich zu lösenden Aufgabe die Angst vor Misserfolg angenommen wird, kann diese Aufgabe für den Akteur als mittelschwer oder sogar einfach empfunden werden. Das hängt von den Erfahrungen und der subjektiven Einschätzungen des Individuums ab.[26]

Weitere Untersuchungen haben gezeigt, dass schon vorschulische und entwicklungsangemessene Anforderungen an die Selbstständigkeit durch die Mutter einen Einfluss auf das Leistungsmotiv des Kindes hat. Es sollte vor Aufgaben stehen, die es mit eigener Anstrengung bewältigen kann um so zu lernen, dass aus diese Bemühungen ein wertgeschätzter Erfolg entsteht. Ist dieser Grundstein gelegt, können nur „motivationspsychologische Interventionen" das Leistungsmotiv im späteren Alter noch verändern. Demnach ist es für die schulische Leistung sowohl bei SuS mit einem hohen, als auch mit einem niedrigen Leistungsmotiv wichtig, dieses

---

[24] Atkinson: Einführung in die Motivationsforschung, S. 418.
[25] Atkinson: Einführung in die Motivationsforschung, S. 419.
[26] Atkinson: Einführung in die Motivationsforschung, S. 430f.

positiv und nicht negativ zu beeinflussen. Ein niedriges Leistungsmotiv kann durch richtige Förderung noch gestärkt werden und ein starkes Leistungsmotiv durch viele Misserfolge langfristig geschwächt werden.[27]

Aus dem Grund ist es umso wichtiger, den SuS zum Erfolg zu verhelfen und den Unterricht stets mit einer hohen Erklärkompetenz zu gestalten. Sammeln die SuS die Erfahrung, die Leistung in der Schule nicht erbringen zu können und Themen nicht zu verstehen und attribuieren dieses internal, kann dies fatale Auswirkungen auf die Erfolgserwartung und die Motivation haben. Erklärt ein Lehrer immer schlecht, haben die SuS keinen Erfolg im Verstehen der Zusammenhänge und die Erfolgserwartung im Unterricht etwas zu lernen sinkt, genauso wie die Motivation zuzuhören.

2.2 Die Attributionstheorie, attributionale Theorien und Erfolgserwartungen

2.2.1 Die Attributionstheorie und die attributionalen Theorien: eine Unterscheidung und Begriffserklärung

Die Attribution, also die Ursachenzuschreibung, wird in der Forschung als zentraler Faktor mit Einfluss auf die Emotion und Motivation einer Person gesehen, die in zwei Theorien gegliedert werden kann. Die Attributionstheorien beschäftigen sich mit der Wahrnehmung unserer Umwelt und unserer Selbst, und wie wir dadurch zu Ursachenzuschreibungen gelangen. Attributionale Theorien hingegen befassen sich mit den Auswirkungen von den Attributionen auf unser Erleben und Verhalten, also unsere Emotionen und unsere Motivation.[28]

Mit Hilfe der Attributionstheorie nach Heider (1896 – 1988) lässt sich erklären, dass jeder Mensch ganz natürlich allen alltäglichen Ereignissen eine Ursache zuschreiben möchte um seine Reaktion anzupassen. Besonders die für uns negativen, wichtigen und überraschenden Ereignisse bringen uns dazu, nach dem Warum zu fragen. Diesem Warum können zwei verschiedene Faktoren zu Grund liegen: Die Internalen, die in der Person liegen, und die Externalen, die in der Umwelt liegen. Mit dieser Grundlage kommt Heider zu mehreren Gleichungen, mit deren Hilfe man

---

[27] Rheinberg, Falko und Regina Vollmeyer: Motivation, S. 63.
[28] Stiensmeier-Pelster und Heckhausen: Kausalattribution von Verhalten und Leistung. - In: Heckhausen: Motivation und Handeln. S. 390.

Handlungsergebnisse erklären kann. Dazu gehört, dass sich die effektive Kraft einer Person durch die Motivation[29] multipliziert mit der Macht[30] der Person entsteht. Das Können ergibt sich, wenn man von der Macht die Schwierigkeit und den Zufall abzieht. Multipliziert man das Können mit der Motivation, erhalten wir einen Faktor zum Erreichen des Handlungsergebnisses.[31] Auch um die Höhe der Anstrengung die man aufwenden muss, um eine Aufgabe zu lösen, zu kalkulieren, und um Rückschlüsse auf die eigene Fähigkeit zu ziehen, stellt Heider Gleichungen auf. Je weniger sich eine Person bei der gegebenen Schwierigkeit einer Aufgabe anstrengen muss, desto höher schätzt sie seine Fähigkeit nach dieser Gleichung ein. Je höher der Schwierigkeitsgrad und je niedriger die Anstrengung, desto höher die Fähigkeit.[32] Besonders interessant für diese Arbeit ist die Frage, auf welche Gründe eine Person sein Bestehen oder Scheitern in Prüfungssituationen zurückführt und wieso. Auch dazu gibt es Theorien, wie beispielsweise das Kovariationsprinzip von Harold Kelley, das verschiedene Faktoren mit Einfluss auf die Attribution benennt. Dazu gehört beispielsweise die soziale Bezugsnorm und die Frage, ob es viele oder wenige andere Personen gibt, denen die Aufgabe gelingt. Auch Vorerfahrungen bei ähnlichen Aufgaben spielen eine Rolle.[33] Nach Kelly schreiben wir die Ursache für ein Misslingen je nach Ausprägung der Faktoren der eigenen Person, der Entität oder dem Zufall zu.[34] Es ist in der Forschung jedoch darauf hingewiesen worden, dass es deutlich mehr Faktoren gibt, in denen wir den Grund für ein Ereignis finden.[35]

Um diese Faktoren zu klassifizieren, sind in den attributionalen Theorien Ursachendimensionen entwickelt worden, in die sie eingeordnet werden können. Dazu gehört die Lokationsdimension, die internale und externale Ursachen beinhalten. Internale Ursachen sind, wie bereits beschrieben, in der Person selbst, externale Ursachen in der Umwelt zu finden. Die Stabilitätsdimension umfasst ein Kontinuum, das von stabilen Ursachen, beispielsweise einer Begabung, bis zu variablen Ursachen, wie kurzfristige Anstrengungen, reicht. Auch die Steuerbarkeit mit dem

---

[29] Die Motivation ist hier nach Heider durch Intention und Anstrengung entstanden.
[30] Mit der Macht einer Person meint Heider die persönlichen Fähigkeiten selbiger.
[31] Rudolph: Motivationspsychologie, S. 113-117.
[32] Rudolph: Motivationspsychologie, S. 119.
[33] Rudolph: Motivationspsychologie, S. 121.
[34] Rudolph: Motivationspsychologie, S. 123.
[35] Rudolph: Motivationspsychologie, S. 131f.

Faktor der Kontrollierbarkeit, sowie der Intentionalität der Handlungen und Ergebnisse muss hier genannt werden.[36] Diese Kausaldimensionen werden auch von Heckhausen besonders betont und haben sich in den letzten fast 50 Jahren in der Motivationspsychologie etabliert.[37] Neben diesen Dimensionen steht die Situationsbreite, die zwischen einer globalen und einer spezifischen Ursache unterscheidet. Zu einer globalen Attribution gehört beispielsweise der grundlegende Mangel an Intelligenz oder auch unfaire Tests, während spezifische Ursachen zum Beispiel das Fehlen der Fähigkeiten in einem bestimmten Bereich, oder unfaire Tests in einem bestimmten Bereich, beschreibt.[38]

2.2.2 Zusammenhang zwischen Erfolgserwartungen und Kausalattributionen

Von dieser Kausalattribution hängen auch die Erfolgserwartungen zukünftiger Handlungen ab. Wird ein Erfolg oder Misserfolg auf eine stabile Ursache zurückgeführt, werden weitere Erfolge bzw. Misserfolge bei Aufgaben dieser Art erwartet. Bei einer variablen Attribution stellt sich die Person auf eventuell andere Ergebnisse ein und je globaler die Ursache zu sein scheint, desto stärker generalisiert die Person ihre Erwartungen und bezieht sie auch auf andere Handlungen.[39] Ausgehend von den gesammelten, aus den Ursachenzuschreibungen entstandenen, Erfahrungen und der subjektiven Einschätzung der eigenen Person entwickelt sich außerdem ein eigenes Fähigkeitskonzept, das auch die subjektive Erfolgserwartung beeinflusst.[40] Widerspricht das Ergebnis nun der Erwartung, wird die Ursache umso weniger als stabil eingeschätzt, je größer sich das Ergebnis von der Erwartung unterscheidet. Demnach beeinflusst nicht nur die Attribution die Erwartung und die folgende Attribution, sondern auch die Erfolgserwartung und das Ergebnis die Attribution.[41]

Die Attribution vom Gelingen oder Misslingen einer Aufgabe wirkt sich auch auf den Selbstwert der Person aus, je nachdem ob die Person den Grund sich selbst

---

[36] Rudolph: Motivationspsychologie, S. 132f.
[37] Stiensmeier-Pelster, J. und Heckhausen, H.: Kausalattribution von Verhalten und Leistung. - In: Heckhausen: Motivation und Handeln, S. 392.
[38] Schwarzer, Ralf: Streß, Angst und Handlungsregulation, S. 149.
[39] Stiensmeier-Pelster und Heckhausen: Kausalattribution von Verhalten und Leistung. - In: Heckhausen: Motivation und Handeln, S. 393.
[40] Rudolph: Motivationspsychologie, S. 141.
[41] Stiensmeier-Pelster und Heckhausen: Kausalattribution von Verhalten und Leistung. - In: Heckhausen: Motivation und Handeln, S. 418.

oder der Umwelt zuschreibt. Dabei spielt jedoch auch die Wichtigkeit eine große Rolle – so wird das Erreichen oder Nichterreichen von einem Ziel mit subjektiver Bedeutung den Selbstwert stärker beeinflussen, als von einem Ziel ohne subjektiver Bedeutung.[42] Heckhausen spricht hier von der Verhaltenswirksamkeit von Attributionen und betont, dass lediglich die subjektiven Einschätzungen relevant für die Ursachenzuschreibung und die damit verbundenen zukünftigen Handlungen sind. Objektive Einschätzungen hingegen unterscheiden sich häufig von den Subjektiven und spielen für die Kausalattribution einer Person keine Rolle.[43] Erfolg oder Misserfolg beeinflusst den Selbstwert allerdings nur, wenn er internalen Ursachen zugeschrieben wird. Eine internale Attribution von Erfolg löst Stolz in der betreffenden Person aus, der zu einem steigern des Selbstwertes führt, während eine internale Attribution von Misserfolg ein Scham- oder Schuldgefühl, und damit einen sinkenden Selbstwert, nach sich zieht.[44]

Die im Zusammenhang mit der Leistungsmotivationstheorie von Atkinson angesprochene Wahl von sehr leichten, sehr schwierigen oder mittelschweren Aufgaben, lässt sich auch mit der Attributionstheorie verbinden. Wählt beispielsweise ein Schüler eine subjektiv sehr einfache oder sehr schwierige Aufgabe, wird die Ursache für den Erfolg oder Misserfolg auf externale Ursachen zurückgeführt – nämlich auf die Aufgabenschwierigkeit oder auf den Zufall. Mittelschwere Aufgaben hingegen zeigen die relevanten Fähigkeiten und werden häufiger internalen Gründen zugeschrieben.[45] Aus diesem Grund greifen SuS mit einer hohen Furcht vor Misserfolg häufiger zu den sehr leichten oder sehr schweren Aufgaben, als die SuS mit einer generell hohen Hoffnung auf Erfolg. Schließlich kann der Misserfolg bei einer sehr schweren Aufgabe leichter externalen Ursachen zugewiesen werden. SuS mit einem starken Leistungsmotiv wählen die mittelschweren Aufgaben, bei deren erfolgreiche Bewältigung internale Gründe angenommen werden.

---

[42] Stiensmeier-Pelster und Heckhausen: Kausalattribution von Verhalten und Leistung. - In: Heckhausen: Motivation und Handeln, S. 397f. und Schwarzer: Streß, Angst und Handlungsregulation, S. 149.
[43] Stiensmeier-Pelster und Heckhausen,: Kausalattribution von Verhalten und Leistung. - In: Heckhausen: Motivation und Handeln, S. 418.
[44] Rudolph: Motivationspsychologie, S. 139f.
[45] Rudolph: Motivationspsychologie, S. 142.

2.3 Zusammenfassung der wichtigen Begriffe

Zur Übersicht möchte ich an dieser Stelle die in der Motivationsforschung entwickelten Theorien und Begriffe, die in dieser Arbeit Verwendung finden, kurz zusammenfassen. Dazu gehört das *Leistungsmotiv*, das sich aus der *Hoffnung auf Erfolg* und der *Furcht vor Misserfolg* zusammensetzt, und gemeinsam mit dem *Anspruchsniveau*, das aus der subjektiven *Erfolgswahrscheinlichkeit* gemeinsam mit einem *Anreizwert* entsteht, in einer motivpassenden Situation die *Leistungsmotivation* entstehen lässt und in der Stärke beeinflusst. Das Leistungsmotiv ist beeinflussbar, da sich die Hoffnung auf Erfolg bzw. die Furcht vor Misserfolg verstärken oder verringern kann, je nachdem welche Erfahrungen die Person in Prüfungssituationen sammelt. Die Erfolgserwartung hängt nach dem Risikowahl-Modell von Atkinson von den persönlichen Erfahrungen ab, was mit den attributionalen Theorien genauer differenziert wird. *Attributionale Theorien* beschäftigen sich mit den Auswirkungen der Attribution, während sich die *Attributionstheorie* mit den Gründen für eine Ursachenzuschreibung beschäftigt. Es werden vier Dimensionen genannt, deren unterschiedliche Ausprägung einen unterschiedlichen Einfluss auf die Erfolgserwartung hat. Die *Lokalitätsdimension* beinhaltet eine *internale* oder *externale* Attribution und die *Stabilitätsdimension* ein Kontinuum von *stabilen* zur *variablen* Attribution. Die Dimension der *Situationsbreite* streckt sich von globaler zur speziellen Ursachenzuschreibung und die *Steuerbarkeit* umfasst ein Kontinuum von einem kontrollierbaren bis zu einem unkontrollierbaren Ergebnis. Weiter wird die Subjektivität der Attribution betont, da objektive Ursachenzuschreibungen nicht *verhaltenswirksam* sind und sich durchaus von der subjektiven Einschätzung unterscheiden können. Durch diese Faktoren entsteht ein *Selbstkonzept*, dass als gesamte Einstellung zur eigenen Person definiert werden kann. Die *Selbstwirksamkeitserwartung* einer Person umfasst die Gewissheit, einer neuen oder schwierigen Anforderung oder Aufgabe gerecht zu werden und kann das Leistungsmotiv und die Leistungsmotivation steigern. Umgekehrt kann ein steigendes Leistungsmotiv auch das Selbstkonzept und die Selbstwirksamkeitserwartung steigern.

Wegen dieses komplexen Zusammenhangs ist es wichtig, dass auch LuL einen positiven Einfluss auf den Erfolg ihrer SuS haben. Haben die SuS ein hohes Verständnis von den Themen, die im Unterricht erklärt werden, steigt sowohl ihre Selbstwirksamkeitserwartung als auch ihre Erfolgserwartung und dadurch die Leistungsmotivation. Dieses Verständnis kann mit Hilfe eines guten Unterrichts von den LuL erreicht werden. Gute Erklärungen sind ein Kriterium, durch das guter Unterricht entstehen kann.

2.4 Die Erklärfähigkeit von Lehrkräften

Die Selbstwirksamkeitserwartungen der Schülerinnen und Schüler gelten als wichtige Voraussetzung für eine kompetente Selbst- und Handlungsregulation und können die Motivation, das Leistungshandeln und die Lebensbewältigung fördern. Demnach ist es wichtig, dass die Lehrerinnen und Lehrer diese besonders vielversprechende Maßnahme zur Förderung von Motivation, Lernen und Leistung ergreifen und die SuS in der Stärkung einer positiven Selbstwirksamkeitserwartung unterstützen. Zu dieser Selbstwirksamkeitsförderung gehören erlebbare Lernfortschritte und eine motivational günstige Selbstbewertung – zwei Faktoren die durch eine hohe Erklärkompetenz der LuL unterstützt werden können.[46]

Wie ein guter Unterricht auszusehen hat und welche Kriterien für einen hohen Lernerfolg bei den SuS sorgen, ist stets Thema der didaktischen Forschung. Es werden Merkmale einer guten Lehrperson entwickelt und Kriterien für verständliche Erklärungen aufgestellt, die in Kongressen diskutiert werden und als Orientierung für die LuL dienen sollen. Hilbert Meyer und Volker Wendt sind zwei der Pädagogen, die solche Merkmale entwickelt und veröffentlicht haben. Abgesehen von Kompetenzen, die einen langfristigen Kontakt zu den SuS voraussetzen, wie das Knüpfen eines Arbeitsbündnisses, gegenseitiger Respekt und das Schaffen eines angenehmen Arbeitsklimas mit einem gutem Miteinander, betonen sie das Beherrschen des didaktisch-methodischen Handwerkszeugs, ein tiefes Fachwissen sowie die inhaltliche Prägnanz und eine transparente, klare Strukturierung von Erklärungen. Die klare Strukturierung hat sich im Laufe der Forschung als eines der zentralen Merkmale herausgestellt, das einen sehr hohen Einfluss auf die Leistung der SuS hat.[47]

Janet Spreckels stellt die Schwierigkeit heraus, die Erklärkompetenz der erklärenden Person zu messen und betont, dass sie nicht nur von der Sachkompetenz selbiger Person abhängt, sondern weitaus mehr Fertigkeiten berücksichtigt werden müssen. Dazu gehört die Sensibilität, um an Vorwissen anzuknüpfen und die Adressierung, um eine sprachliche Angemessenheit zu gewährleisten, das Thema zu strukturieren und den Unterricht interaktiv gestalten zu können.[48]

---

[46] Jerusalem, Matthias: Einleitung. - In: Zeitschrift für Pädagogik, S. 10f.
[47] Vgl. Meyer: Was ist guter Unterricht?, Meyer und Köller: Was ist eine gute Lehrerin/ein guter Lehrer? und Terhart: Handbuch der Forschung zum Lehrerberuf.
[48] Spreckels, Janet: Erklären im Kontext, S. 3-5.

2.5 Die Fragebogen-Methode

Der Fragebogen ist einer der wichtigsten und am häufigsten angewandten Untersuchungsverfahren, bei dem die befragten Personen mit Hilfe festgelegter Antwortmöglichkeiten auf vorgelegte Fragen, die Items genannt werden, antworten. Ziel ist es, durch die Antworten ein psychologisches Konstrukt zu erfassen, um Aussagen über Einstellungen oder Persönlichkeitsmerkmale einer Person oder einer Personengruppe treffen zu können.[49] Bei der Beantwortung von Fragebögen spielen kognitive Prozesse eine große Rolle. Die soziale Kognition umfasst alle Faktoren, durch die die Iteminterpretation, die letztendliche Außendarstellung und alle Prozesse dazwischen beeinflusst werden. Dazu gehört nach der Interpretation des Items auch die Kriterienentwicklung zur Urteilsbildung, um auf die Frage zu antworten. Hierfür werden bereits erlebte Situationen aus dem Gedächtnis abgerufen, die zur Beurteilung als Antwort auf die Frage herangezogen werden können.

---

[49] Mummendey: Die Fragebogen-Methode. S. 13.

3 Empirische Untersuchung

3.1 Fragestellung

Ziel dieser Arbeit ist es, den Zusammenhang zwischen der Erklärfähigkeit der Lehrenden und der Motivation der Lernenden zu zeigen. Steigt beispielsweise die Motivation zur Schule zu gehen an, wenn der Lernende das Gefühl hat, dass die Lehrer gut erklären? Und wie stark unterscheidet sich die Leistung der SuS, die eine gute Erklärung bekommen, zu denen, den ein Thema schlecht erklärt wird? Diese und weitere Fragen sollen im Folgenden mit Hilfe einer kurzen empirischen Studie beantwortet werden. Dabei wird die Attribution der guten und der schlechten Leistung der SuS, sowie das persönliche Selbstbild eine große Rolle spielen.

3.2 Methode

3.2.1 Stichprobe

Die Studie wurde in zwei 8. Klassen einer Realschule mit jeweils 26 Schülerinnen und Schülern durchgeführt. Am ersten Befragungstag sind alle SuS anwesend gewesen und haben den Fragebogen vollständig ausgefüllt. Allerdings sind die Angaben bei fünf SuS ungenau, da sie ihr Kreuz zwischen zwei Antwortmöglichkeiten gesetzt oder ein Item doppelt beantwortet haben. Diese fünf Fragebögen wurden nicht mit in die Erhebung einbezogen, um die Daten nicht zu verfälschen. Die übrigen 47 Fragebögen können zur Weiterarbeit verwendet werden.

Am zweiten Befragungstag sind 22 bzw. 25 SuS anwesend gewesen. Dieses mal konnten ungenaue Antworten durch eine unmittelbare Kontrolle der Kreuze beim Einsammeln verhindert werden.

3.2.2 Materialien und experimentelle Variation

3.2.2.1 Schülerfragebogen

Bevor die SuS die Items beantworten, sollen sie einige Informationen über sich selbst geben. Dabei interessiert mich besonders die Frage nach den bereits erworbenen Sprachen, deren Kenntnisse vermutlich Aufschlüsse darüber geben können, warum der Schüler weniger Probleme mit dem Spracherwerb einer neuen Sprache hat, als andere.

Um den Fragebogen[50] zu erstellen und zu sortieren, ist von den Dimensionen der Attributionstheorie, der globalen, spezifischen, internen, externen, stabilen und variablen Attribution, ausgegangen worden. Dabei beziehen sich die Fragen erst auf die globale, dann auf die spezifische Attribution, sowie erst auf die Externe, dann auf die Interne. Nachdem die SuS den Fragebogen ein zweites Mal ausgefüllt haben, können Rückschlüsse zur stabilen und variablen Attribution gezogen werden.

Mit den ersten drei Items soll getestet werden, ob die SuS im Allgemeinen gerne zur Schule gehen, und mit welcher Motivation sie das tun. Habe sie die intrinsische Motivation etwas zu lernen, oder die extrinsische Motivation gute Noten zu bekommen und passen sie im Unterricht überhaupt auf?

Der Itemblock Nr. 4 verfolgt das Ziel, die Selbstwirksamkeit der SuS und ihre Attribution von einem nicht verstandenen Thema erfassen. Von der externen und globalen Attribution „...hat mein Lehrer schlecht erklärt." geht er über zur internen, globalen Attribution „...habe ich mich nicht angestrengt." und zu der internen und spezifischen Aussage „...liegt es daran, dass ich darin nicht gut bin." über.

Mit den folgenden Aussagen sollen die Folgen, sowie die nächsten Handlungsschritte, die sich für den Schüler aus dem nicht verstandenen Thema ergeben, erfasst werden. Dabei wird zwischen der Motivation der SuS, das Thema lernen zu wollen[51] und der Vermeidungsstrategie „ich lerne es nicht" unterschieden, die wiederum zu schlechten Ergebnissen in Evaluationen führt und, je nachdem wie stark der Schüler intern bzw. extern attribuiert, das negative Selbstbild des Schülers stärkt.

Mit dem 5. Itemblock „*Wenn mir ein Thema im Unterricht nicht gefällt,...*" soll getestet werden, auf welche Faktoren die SuS ein Thema beziehen, dass sie nicht mögen. Dazu wird mit der globalen externen Attribution, dass alle Themen in der Schule blöd sind, begonnen, zu einer globalen aber internen Attribution, daraufhin zur spezifischen externen und zu guter Letzt spezifischen internen Attribution, übergegangen. Im Anschluss wird nach der allgemeinen Bereitschaft eine neue Sprache zu lernen gefragt – eine notwendige Bereitschaft für die folgende Unterrichtseinheit – und in der Folge auf die Motivation zum Grammatikunterricht eingegangen. Dabei versucht man das Bild von dem Selbstwert der SuS mit Hilfe der

---

[50] Vgl. Anhang I: Fragebogen
[51] Siehe dazu Item 4d. „*Wenn ich ein Thema im Unterricht nicht verstehe, versuche ich es mir selbst zu erklären.*" und Item 4e. „*...frage ich nach einer erneuten Erklärung.*", Anhang I: Fragebogen.

Unterscheidung in 7b. *„Grammatik im Unterricht würde ich am liebsten weglassen, weil man es nicht braucht."* und 7c. *„...weil ich es nicht kann.",* sowie mit den Items 8. *„Bei Grammatikaufgaben mache ich mehr Fehler als andere."* und Item 9. *„Ich verstehe Grammatikregeln schneller als andere.",* weiter auszubauen.

Ich erwarte, dass sich die Attribution der SuS im zweiten Fragebogen in einigen Fällen von der in dem ersten Fragebogen in der Hinsicht unterscheidet, dass die SuS, die von einem Lehrer mit einer hohen Erklärfähigkeit unterrichtet werden, unmittelbar nach dem Unterricht eine höhere Motivation und einen höheren Selbstwert aufweisen, als noch vor der Unterrichtseinheit. Von den SuS, die von einem Lehrer mit niedriger Erklärfähigkeit unterrichtet wurden, erwarte ich einen gesunkenen Selbstwert aber eine höhere oder gleichbleibende Motivation.[52] Interessant finde ich besonders, welche Aspekte nicht von der Erklärung des Lehrers beeinflusst werden und wie groß der Anteil der SuS ist, die nach der schlechten Erklärung das Nicht-Verstehen des Themas intern attribuieren, und wie viele tatsächlich dem Lehrer die Schuld zuschreiben.

In dem zweiten Fragebogen frage ich außerdem die Items 10-12 ab. Das Item 10 *„Mein Lehrer hat heute gut erklärt."* ist der Manipulation Check, mit dem sichergestellt wird, dass die Manipulation der SuS stattgefunden hat. Items 11. *„Ich habe die Grammatikregeln der neuen Sprache verstanden."* und 12. *„Wenn ich jetzt einen Test schreiben müsste, würde ich nur wenige Fehler machen."* zielen auf die Selbsteinschätzung der SuS ab, die besonders in Verbindung mit dem darauf folgenden Test zum gerade erklärten Sprachsystem Rückschlüsse auf den Selbstwert ziehen lassen. Bei folgenden Verweisen auf einzelne Items siehe Anhang I.: Fragebogen.

3.2.2.2 Unterrichtseinheit und fiktive Sprache

Um den Einfluss der Erklärfähigkeit der LuL auf die Motivation und die damit verbundene Leistung der SuS zu bestimmen, müssen klare Kriterien geschaffen werden, nach denen die Erklärfähigkeit transparent und eindeutig bewertet wird. Um dieses zu vereinfachen möchte ich mich auf die Strukturierung des Unterrichts als einen einflussreichen Faktor beschränken und nur diesen Aspekt nutzen, um die SuS zu manipulieren. Der einen Klasse wird die fiktive Sprache durch eine Lehrperson mit hoher Erklärfähigkeit, und somit klar strukturiert, erklärt.

---

[52] Schließlich erklärt Atkinson, dass die Motivation bei Misserfolg zunächst ansteigt. Siehe Dazu Kapitel 2.3. und Atkinson: Einführung in die Motivationsforschung.

Die Lehrperson beginnt damit, eine Grundlage für das Verständnis zu schaffen und den strukturellen Unterschied der fiktiven Sprache zum Deutschen aufzuzeigen: den Satzbau. Die Satzstellung Objekt – Subjekt – Verb kann mit der Satzstellung von „Meister Yoda" aus „Starwars" verglichen werden, der einem Großteil der SuS bekannt ist und den gleichen Satzbau verwendet. Die Erklärung dieser Analogie vereinfacht den SuS das Verständnis und verfestigt das Wissen über den Satzbau, da eine Relation zu bereits Bekanntem hergestellt wird.[53] Im Folgenden erläutert der Lehrer den agglutinierenden Sprachbau mit Hilfe eines Beispiels und visualisiert die maximal mögliche Struktur (Stamm – Plural-t – Ort/Richtung – Artikel) an der Tafel. In einem dritten Schritt werden die Verben erläutert, die im Infinitiv stets auf -*li* enden und nach einer unveränderbaren Konjugation konjugiert werden. Der Lehrer konjugiert zur Veranschaulichung ein Verb durch und überträgt einen Beispielsatz gemeinsam mit den SuS aus dem Deutschen in die fiktive Sprache, um ein methodisch sinnvolles Vorgehen bei dem Übersetzen einzuüben. Dazu werden zuerst Gruppen erstellt, die in der fiktiven Sprache nur noch ein Wort ergeben und diese in die Sprache übersetzt. In einem nächsten Schritt wird die Satzstellung verändert. Zwischenfragen werden entgegengenommen und beantwortet.

Der zweiten Schülergruppe, die mittels der Erklärfähigkeit des Lehrers manipuliert werden soll, werden die gleichen Inhalte vermittelt, allerdings weniger strukturiert. Der Lehrer beginnt zwar auch hier mit dem Satzbau, springt aber während des Erklärens zwischen Beispielen hin und her und korrigiert sich selbst. Bei dieser „schlechten" Erklärung fehlt eine klare Strukturierung und der logische Aufbau. Die Dauer der Erklärung ist in beiden Fällen auf 10 Minuten begrenzt.

3.2.2.3 Leistungsabfrage

Die SuS beider Klasse haben, nachdem sie den Fragebogen ausgefüllt haben, alle den gleichen Test zu der erklärten Sprache geschrieben. Die Tests wurden als „schwer", „mittelschwer" und „leicht" ausgewiesen, jedoch wurde lediglich die Reihenfolge der Aufgaben verändert und somit auch alle Tests gemeinsam und gleichwertig ausgewertet. Dabei wird für jedes Morphem, also für jede kleinste bedeutungstragende Einheit der fiktiven Sprache, das erkannt und so übersetzt wurde, einen Punkt gegeben. Außerdem gab es einen Punkt für den richtigen Satzbau. So kommen in dem leichten Test sieben Punkte für Satz I und Satz III aus Aufgabe 1) und für Satz IV. Aus Aufgabe 2) zusammen. Für die richtige Übersetzung von Satz

---

[53] Kiel: Erklären durch Analogien oder Metaphern, S.150-151.

II. aus Aufgabe 1) wurden acht Punkte vergeben und für die richtige Bildung eines Verbs sowie für die richtige Konjugation in Aufgabe 3) jeweils ein Punkt. Dabei war es wichtig, dass der Infinitiv auf *-li* endet und das konjugierte Verb in dem Satz die Endung der 1. Person Singular (*-jom*) erhält.

3.2.2.4 Tendenzwerte

Um einfacher Aussagen über Meinungstendenzen der Klasse geben und die Antworten der beiden Klassen besser vergleichen zu können, habe ich ein System mit Tendenzwerte entwickelt. Dabei habe ich die Antworten „stimmt nie" und „stimmt immer" doppelt so stark gewichtet, wie die anderen beiden Antwortmöglichkeiten. Liegt der Tendenzwert nun zwischen -1 und <0, tendiert die ausgewählte Gruppe eher zu einer Verneinung der Behauptung. Liegt er zwischen >0 und +1, tendiert die Gruppe eher zu einer Bejahung. Bei einem Tendenzwert von 0 ist die Meinung ausgeglichen. Mit Hilfe zweier Graphen in einem Koordinatensystem können nun leicht nachvollziehbare Rückschlüsse auf die unterschiedlichen Tendenzen der Klasse gezogen werden.[54]

3.3 Testgütekriterien

Für eine hohe Güte der Befragung müssen während der Unterrichts und bei der Erstellung des Fragebogen und des Tests die Hauptgütekriterien Validität, Objektivität und Reliabilität beachtet werden. Die Nebengütekriterien, unter die die Normierung, Ökonomie und Praktikabilität fallen, sollen beachtet werden, finden an dieser Stelle aber keinen Platz für weitere Ausführungen.[55]

---

[54] Siehe Grafik 5., S. 34.
[55] Himme: Gütekriterien der Messung, S. 376.

3.3.1 Validität

Als Validität einer Untersuchung bezeichnet man „das Ausmaß, in dem eine wissenschaftliche Untersuchung geeignet ist, die mit ihr verbundenen Zielsetzungen zu erreichen"[56]. Es ist also wichtig, die Gestaltung und Struktur der Untersuchung genau auf seine Validität hin zu prüfen. Idealerweise gibt es einen Theorieteil, der die wissenschaftliche Fragestellung beschreibt, in einen Kontext einordnet und für die Arbeit notwendige Begriffe und Theorien erklärt und zusammenfasst. Aus diesen Ausführungen ergibt sich eine wissenschaftliche Hypothese, die vorläufig als zutreffend angenommen und im Folgenden auf ihre empirische Gültigkeit hin untersucht wird. Daher wird in einem Methodenteil aus der wissenschaftlichen Hypothese eine empirische Hypothese gezogen, die annimmt, dass die Hypothese für den speziellen Anwendungsfall zutreffend ist. Im Anschluss werden die Daten ausgewertet und die wichtigsten Ergebnisse in statistischen Hypothesen beschrieben. Dabei ist besonders die Signifikanz der Abweichungen von Bedeutung, die ein zufälliges Ergebnis von einem statistisch abgesicherten unterscheiden soll. Abschließend folgt ein Diskussionsteil, in dem die empirischen Ergebnisse interpretiert werden und eine Entscheidung über das Zutreffen der empirischen Hypothese getroffen wird und ob sie die wissenschaftliche Hypothese stützt. In diesem Fall werden Konsequenzen aufgezeigt, die sowohl die theoretische als auch die praktische Anwendung betreffen können.[57]

Den Theorieteil meiner Studie habe ich bereits erläutert und die wissenschaftliche Hypothese gezogen, dass die Erklärfähigkeit der LuL in einer Korrelation mit der Motivation und der Leistung der SuS steht, auf lange Sicht sogar mit dem Leistungsmotiv und dem Selbstbild selbiger. Um eine empirische Hypothese aufstellen zu können, habe ich zwei 8. Klassen einer Realschule ausgewählt, um mit ihnen eine empirische Untersuchung durchzuführen. Dazu habe ich zuerst die Untersuchungspersonen genauer betrachtet und mit einem ersten Fragebogen versucht, ihr Leistungsmotiv und ihre Motivation, sowie ihre Ursachenzuschreibung zu erfassen. Die Untersuchungssituation weicht nicht von der üblichen Situation in der Klasse ab um das normale Klassengeschehen in die Untersuchung mit einzubeziehen, weshalb auch die SuS nicht zufällig zu den Untersuchungsbedingungen zugeordnet wurden, sondern im Klassenverband zugeordnet wurden. Weitere Einflussvariablen, wie bestimmte Vorkenntnisse, werden ausgeschlossen, da ich ihnen eine

---

[56] Westermann: Methoden psychologischer Forschung und Evaluation. S. 51.
[57] Westermann: Methoden psychologischer Forschung und Evaluation, S. 52-54.

von mir ausgedachte, fiktive Sprache erkläre und das Verständnis dieser Gegenstand der Untersuchung sein wird. Andere Vorkenntnisse, beispielsweise durch bereits vorhandene Kenntnisse einzelner Sprachen, frage ich mit dem Fragebogen ab. Den Ablauf der Untersuchung sieht vor, dass die SuS drei Wochen nach der ersten Befragung von mir eine schlechte bzw. gute Erklärung der fiktiven Sprache bekommen, erneut einen Fragebogen ausfüllen und erst dann erfahren, dass sie auch einen Test zu dem eben Erklärten bekommen. Um die Güte der Erklärung messen und vergleichen zu können, habe ich sie genau strukturiert und geplant. Auch die Erklärzeit und die Bearbeitungszeit des Tests wurde in beiden Klassen auf die gleiche Zeit begrenzt. Auf Basis der ersten Befragung habe ich empirische Vorhersagen getroffen, die sich auf die Ergebnisse der jeweiligen Klassen beziehen. Im Ergebnisteil meiner Studie habe ich Statistiken erstellt um einen zusammenfassenden Eindruck über die Ergebnisse zu bekommen. Dazu habe ich ein Tendenzwert-System entwickelt, sodass die Ergebnisse der Klassen zwischen -1 ,als absolute Verneinung des Items, und +1, als absolute Bejahung, liegen. Wegen dieser kleinen Spannbreite habe ich bereits eine Effektgröße von 0,1 Punkten als signifikant bewertet. In einem Diskussionsteil habe ich die empirischen Effekte interpretiert und exemplarisch an einzelnen SuS Rückschlüsse zu dem Leistungsmotiv gezogen und Konsequenzen aufgezeigt.

3.3.2 Objektivität

Der Grad der Objektivität einer Testung spiegelt wider, wie unabhängig die Ergebnisse von der messenden Person sind.[58] Dieses Gütekriterium kann über die drei Aspekte Durchführungsobjektivität, Anwendungsobjektivität und Interpretationsobjektivität stärker differenziert werden.[59]

Um diese Objektivität zu gewährleisten, wurde die Vorbereitung und Durchführung der Befragung genau protokolliert, sodass sie vom Untersucher unabhängig erneut genauso durchgeführt werden kann. Die vorgegebenen Zeiten stellen außerdem gleiche Bedingungen für jeden Schüler sicher. Zu guter Letzt wird die Auswertungsobjektivität durch die transparente Darstellung der Korrektur und Bewertung gesichert.

---

[58] Ingenkamp und Lissmann: Lehrbuch der Pädagogischen Diagnostik, S.51.
[59] Himme: Gütekriterien der Messung, S. 375.

3.3.3 Reliabilität

Das dritte Hauptgütekriterium, die Reliabilität, „bezieht sich auf die Frage, wie gemessen wird, und fordert, dass die Messergebnisse bei wiederholter Messung reproduzierbar sein sollten."[60] Damit ist die Reliabilität des Messinstruments gemeint, welches zuverlässig und stabil sein sollte. Aus dem Grund werden im Folgenden die Messinstrumente genau definiert. Durch Störfaktoren wie Ablenkungen durch Mitschüler oder Ermüdungen können Messfehler auftreten, die mit Hilfe der Retest - Reliabilität eingeschränkt werden sollen. Dabei wird ein Test mit einem kurzen zeitlichen Abstand zur ersten Testung erneut durchgeführt. Je ähnlicher die Testergebnisse sind, desto höher ist die Retest – Reliabilität.[61] Diese Einschränkung konnte mit dem folgenden Test aus zeitlichen Gründen nicht durchgeführt werden.

---

[60] Himme: Gütekriterien der Messung, S. 375.
[61] Ingenkamp und Lissmann: Lehrbuch der pädagogischen Diagnostik, S. 55ff.

4 Ergebnisse der ersten Befragung

4.1 Darstellung der Ergebnisse der ersten Befragung

Die Ergebnisse der ersten Befragung der SuS haben ein breites Bild zu ihrer Motivation und ihrem Selbstwert geliefert. Die folgenden Grafiken 1. und 2. stellen die Antworten der SuS der Klasse 8a bzw. der Klasse 8c prozentual dar. Welche Farben der Antwortmöglichkeiten stimmt immer, oft, manchmal und nie entsprechen, sind der Legende zu entnehmen. Auf der x-Achse sind die einzelnen Items zu finden und die y-Achse zeigt den Prozentwert der Antworten aus den 100% der gesamten Antworten der Klasse auf das Item.

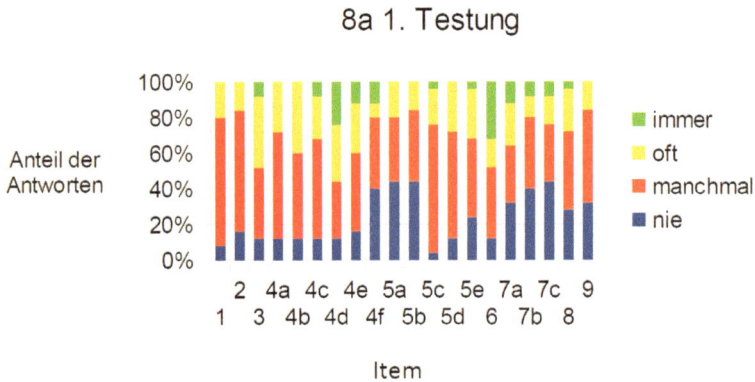

Grafik 1

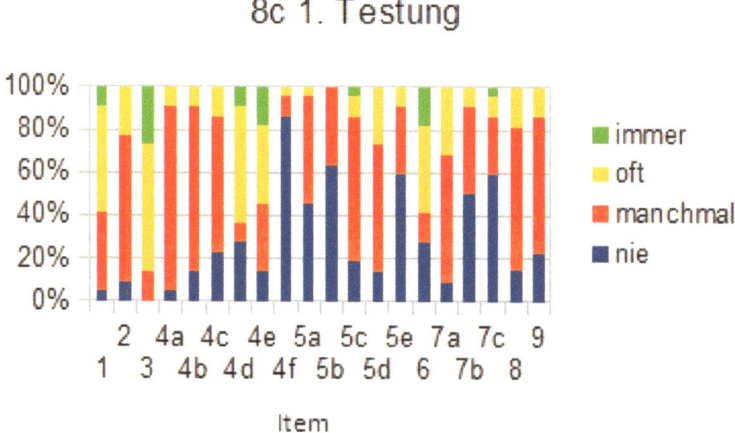

Grafik 2

Insgesamt fällt auf, dass, prozentual gesehen, die SuS der 8c in einigen Fragen etwas häufiger zur absoluten Verneinung „Stimmt nie" gegriffen haben, als die SuS der 8a. Die höchste Prozentzahl der SuS die sich in einem Item sicher waren, dass die Behauptung nie stimmt, liegt bei den Items 5a.,5b. und 7c. in der 8a bei 44%, in der 8c bei dem Item 4f bei ungefähr 86%. Durch die Kontrollwerte wird deutlich, dass die 8c, im Gegensatz zur 8a, in mehreren Fragen stark zur Bejahung bzw. zur Verneinung tendiert. Insgesamt sind 22,8% der Antworten der Klasse 8a „Stimmt nie" gewesen, aber 28,18% bei der Klasse 8c.[62] Der größte Teil der Antworten macht in beiden Klassen die Antwort „stimmt manchmal" mit 45,56% der Klasse 8c und 47,6% der Klasse 8a aus. Die Antwort „stimmt oft" wurde von der Klasse 8a insgesamt genauso häufig gewählt wie die Antwort „stimmt nie" und macht somit auch 22,8% aus, bei der 8c sind es 21,64%. Den geringsten Teil nimmt die Antwortmöglichkeit „stimmt immer" mit 6,8% bei der Klasse 8a und 4,56% bei der Klasse 8c ein.

Alles in Allem ist die prozentuale Verteilung der Antworten in beiden Klassen sehr ähnlich.

---

[62] Grafik 1. und Grafik 2, S.25.

4.1.1 Unterschiede beider Klassen

Im Folgenden sollen die auffälligen Unterschiede beider Klassen herausgestellt werden.

Während sich die SuS bei Item 2.[63] zur extrinsischen Motivation zur Schule zu gehen relativ einig sind, dass dieses weniger zustimmt[64], unterscheiden sich die Klassen hinsichtlich der intrinsischen Motivation (Item 1: Ich gehe gern zur Schule, weil ich dort etwas lerne.). Mehr als die Hälfte der SuS der 8c[65] geben an, dass es oft oder immer stimmt, dass sie gern zur Schule gehen weil sie dort etwas lernen. In der Klasse 8a nimmt dieser Teil bloß 20% ein. Das spiegelt sich auch in den Antworten der 3. Frage, ob es den SuS wichtig ist im Unterricht aufzupassen, wider. In der Klasse 8c geben über 85% der SuS an, dass die Aussage oft oder immer stimmt, in der Klasse 8a sind es weniger als 50%.

Der folgende Fragenblock 4. zeigt, dass 90% der SuS der Klasse 8c die Schuld für ein nicht verstandenes Thema nur selten bei der schlechten Erklärung des Lehrers sehen. Genauso wenige sehen die Schuld in der eigenen Anstrengung und nur etwas mehr[66] oft in den eigenen Fähigkeiten. Der Unterschied der Antwort „stimmt nie" von unter 5% zu über 20% zu den Items 4a. *„Wenn ich ein Thema im Unterricht nicht verstehe, hat mein Lehrer schlecht erklärt."* und 4c. *„Wenn ich ein Thema im Unterricht nicht verstehe, liegt es daran, dass ich darin nicht gut bin."* zeigt jedoch eine leichte Tendenz zu der Schuldzuschreibung auf den Lehrer.

In der Klasse 8a jedoch geben fast 30% der SuS an, dass es oft stimmt, dass der Lehrer schlecht erklärt haben, wenn sie ein Thema nicht verstehen. Noch mehr von ihnen, um die 40%, sehen die Schuld oft in der eigenen Anstrengung und über 30% oft oder immer in dem eigenen Können.

Sehr auffällig ist weiter, dass ungefähr 85% der Klasse 8c angibt, nie aufzugeben wenn sie ein Thema nicht verstanden haben. Die Aussage 4f. *„Wenn ich ein Thema im Unterricht nicht verstehe, gebe ich auf und lerne es nicht."* trifft nur auf einen Schüler dieser Klasse oft zu, alle Anderen verneinen sie eher. Die SuS der Klasse 8a

---

[63] Item 2 *„Ich gehe gern zur Schule, weil ich von meinen Lehrern gute Noten bekomme."*
[64] Siehe S. 25, Grafik 1. und 2.: In der Klasse 8a („schlechte Erkl.") stimmen über 80% für „stimmt nie" und „stimmt manchmal", in der Klasse 8c („gute Erkl.") sind es 75%.
[65] Siehe S. 25, Grafik 2.: Knapp 60%.
[66] Siehe S.25, Grafik 2.: Ungefähr 15%.

sind eher zum Aufgeben bereit[67]. Allerdings ist es auch hier ein Großteil (80%), der eher nicht aufgibt.

Die Ergebnisse des Fragenblocks 5. zeigen, dass ein Großteil der SuS beider Klassen den Grund dafür, dass ihnen ein Thema nicht gefällt, nie oder nur manchmal darin sieht, dass ihnen alle Themen nicht gefallen oder dass sie in der Schule schlecht sind. In der 8c nimmt dieser Teil der Schüler deutlich mehr ein als in der 8a – kein Schüler der 8c sieht den Grund für ein Thema, das nicht gefällt, in der allgemeinen eigenen Leistung, eher in der mangelnden Erklärfähigkeit des Lehrers[68] und in der eigenen Leistung bezüglich des Themas. In der 8a schreiben um die 20% allen vier Faktoren oft oder immer die Schuld zu, weshalb ihnen ein Thema nicht gefällt. Es wird allerdings deutlich, dass die globalen Aussagen zu dem generellen Mangel der eigenen Fähigkeiten und zu dem, dass alle Themen in der Schule blöd seien, dabei weniger Gewichtung bekommt[69] als die spezifischen Aussagen. Unter 5% der 8a geben an, dass die schlechte Erklärung nie, aber über 20% dass sie oft oder immer Schuld sei. Noch mehr SuS, fast 30% der Klasse, sehen die Schuld oft in den eigenen Fähigkeiten in speziell diesem Thema. Dieser Unterschied ist auch in der 8c sichtbar, bei denen das Item 5a. *„Wenn mir ein Thema im Unterricht nicht gefällt, liegt es daran, dass alle Themen in der Schule blöd sind."* noch von über 40% und das Item 5b von über 60% mit „stimmt nie" beantwortet wurde, die Items 5c. *„....liegt es daran, dass es mir schlecht erklärt wurde."* und 5d. *„....liegt es daran, dass ich es nicht kann."* nur noch von um die 15%. Die größte Zustimmung finden beiden Klassen in dem Mangel der eigenen Fähigkeiten bezüglich des speziellen Themas[70]. Dass sie in der Folge darauf nicht mehr aufpassen, trifft oft auf fast 30% der 8c und auf über 30% der 8a zu. Die Fragen zur Grammatik wurden in beiden Klassen ähnlich beantwortet. Während in der 8a allerdings um die 10% den Grammatikunterricht immer gut finden, würden auch 10% den Grammatikunterricht am liebsten immer weglassen – genauso viele weil sie es nicht können, wie weil man es nicht braucht. Von den SuS der 8c geht die Tendenz eher dazu, dass sie dem Item 7b. *„Grammatik*

---

[67] Siehe S.25, Grafik 2.: Über 10% der SuS geben an, immer aufzugeben und das Thema nicht zu lernen, wenn sie es im Unterricht nicht verstanden haben; knapp 8% geben an dass dies „oft" geschieht.
[68] Siehe S.25, Grafik 2. Item 5c.: Ungefähr 15% geben an, dass die schlechte Erklärung „oft" oder „immer" schuld ist. Siehe auch Item 5b.
[69] Siehe S.25, Grafik 1.: Über 40% der SuS stimmen den Aussagen gar nicht zu.
[70] Siehe S.25, Grafik 1. und Grafik 2.: In beiden Klassen knapp 30%.

im Unterricht würde ich am liebsten weglassen, weil man es nicht braucht." und 7c. *„...weil ich es nicht kann."* nicht zustimmen[71]. Dass sie bei Grammatikaufgaben oft mehr Fehler machen als andere, glauben in beiden Klassen nur um die 20%, ein Großteil beider Klassen stimmt dieser Behauptung eher nicht zu. Allerdings glauben auch nur ungefähr 15% der SuS, dass sie oft Grammatikregeln schneller verstehen als andere.

Zusammenfassend sind die Tendenzen beider Klassen ähnlich. Lediglich Item 1. *„Ich gehe gern zur Schule, weil ich dort etwas lerne"*, Item 3. *„Im Unterricht aufzupassen ist mir wichtig."* und Item 4e. *„Wenn ich ein Thema im Unterricht nicht verstehe, frage ich nach einer erneuten Erklärung."* weisen einen Unterschied hinsichtlich der Tendenz zur Bejahung (8c) oder zur Verneinung (8a) aller drei Items auf.

4.2 Interpretation der Ergebnisse der ersten Befragung

Die Ergebnisse der ersten Befragung haben gezeigt, dass die Verteilung der Antworten in beiden Klassen ähnlich ist. Die Klasse 8c weist insgesamt eine höhere intrinsische Motivation auf zur Schule zu gehen, während die Motivation bei der 8a allgemein gering zu sein scheint. Daher ist der Tendenzwert der Klasse 8a für Item 1 auch deutlich <0, während die der Klasse 8c für das besagte Item über 0 liegt. Die Motivation spiegelt sich auch in dem Item 3. *„Im Unterricht aufzupassen ist mir wichtig."*, dem Item 4f. *„Wenn ich ein Thema im Unterricht nicht verstehe, gebe ich auf und lerne es nicht"* und Item 5e. *„Wenn mir ein Thema im Unterricht nicht gefällt, passe ich nicht mehr auf."* wider, da es für fast alle SuS der 8c generell wichtig ist, im Unterricht aufzupassen, fast niemand aufgibt, wenn ein Thema nicht verstanden wird und die Meisten aufpassen, auch wenn ihnen das Thema nicht gefällt. Trotzdem schätzen sich die meisten SuS dieser Klasse weder besser, noch schlechter als ihre Mitschüler ein. Die Wenigstens geben die Schuld dem Lehrer, wenn sie ein Thema nicht verstehen oder es nicht mögen. Über die Hälfte fragt den Lehrer erneut nach einer Erklärung und hofft somit für das Verständnis auf eine gute Erklärung des Lehrers. Außerdem lernen über die Hälfte der SuS der 8c oft oder immer gerne eine neue Sprache und sehen Grammatikunterricht für notwendig. Wegen all dieser Faktoren und der Kürze der Studie habe ich mich entschlossen, dieser Gruppe in der zweiten Befragung die fiktive Sprache mit einer hohen

---

[71] Siehe S.25, Grafik 2.: 50% stimmen Item 7b. und 60% Item 7c. nicht zu.

Erklärfähigkeit zu erklären. Ich denke, dass die Motivation und das Interesse da ist, und die SuS gute bis sehr gute Leistungen erzielen werden.

Die Klasse 8a zeigt zwar eine in etwa genauso große Motivation eine neue Sprache zu lernen, dennoch eine deutlich geringere Motivation in die Schule zu gehen und aufzupassen. Sie geben schneller auf und tendieren als Klasse dazu, nicht nach einer erneuten Erklärung zu fragen. Die SuS dieser Klasse weisen die Schuld an einem nicht verstandenen Thema oder einem, das ihnen nicht gefällt, eher der schlechten Erklärung des Lehrers zu, als die SuS der 8c. Ich erwarte, dass die SuS der 8a unruhig werden, weniger aufpassen und im Durchschnitt eine deutlich schlechtere Leistung erbringen werden, wenn ich ihnen die fiktive Sprache schlecht erkläre, als die SuS der 8c es tun würden. Außerdem erhoffe ich mir, mit Hilfe der Kontrollwerte nach der zweiten Befragung eine stärkere Diskrepanz zwischen beiden Klassen festzustellen.[72] Die Klasse 8a werde ich daher in den weiteren Ausführungen *Klasse „schlechte Erkl."*, und die Klasse 8c *Klasse „gute Erkl."* nennen.

Um die unterschiedliche Ausprägung des Leistungsmotiv und die Höhe der Erfolgserwartung einschätzen zu können, klassifiziere ich die Aufgaben, die die SuS beantworten sollen, in „leicht", „mittelschwer" und „schwer". Ich erwarte, dass die SuS, denen ich die Sprache schlecht erklärt habe, im Vergleich zu der anderen Gruppe häufiger zu den Aufgaben der Kategorie „leicht" und „schwer" greifen werden, da sie einen Misserfolg befürchten. Ihre Motivation ist, unabhängig vom Leistungsmotiv, nicht stark ausgeprägt, da die subjektive Erfolgserwartung in der Situation generell als gering eingeschätzt wird. In den „leichten" Aufgaben sehen sie eine hohe Erfolgswahrscheinlichkeit, die zwar ein geringes Anreiz darstellt, aber den Misserfolg praktisch ausschließt. Die „schweren" Aufgaben sehen sie nicht als bedrohlich an, da sie aufgrund der Schwierigkeit vermutlich niemand geschafft hätte.[73] Untersuchungen zeigen aber, dass auch das Anspruchsniveau von dieser Personen vergleichsweise häufiger realistisch ist als unrealistisch, also die Wahl vergleichsweise seltener auf Aufgaben mit subjektiv besonders hoher oder

---

[72] Interessant wäre hier auch zu beobachten, wie sich die Klassen entwickeln würden, bekäme die Klasse „schlechte Erkl." auf eine längere Dauer gesehen immer eine gute und die Klasse „gute Erkl." immer eine schlechte Erklärung. Vermutlich würden sich die Werte annähern und auf Dauer die gegenteilige Tendenz annehmen, sodass sich die Klasse „schlechte Erkl." verbessern würde und eine höhere Motivation zeigen würde, als die Klasse „gute Erkl.". Diese Untersuchung findet allerdings in dieser Studie keinen Platz und würde die Ergebnisse folgender Studie nur bestätigen.
[73] Vgl. auch Rheinberg, Falko und Regina Vollmeyer: Motivation, S. 74f.

besonders niedriger Schwierigkeit fällt, als auf Aufgaben typischen Schwierigkeitsgrades.[74] Die SuS der Klasse, die eine gute Erklärung der Sprache bekommen haben, haben vermutlich eine höhere subjektive Erfolgserwartung und werden demnach zu den mittelschweren Aufgaben greifen. Hier ist der multiplizierte Wert des Anreizes, die Aufgaben zu lösen, mit dem der Erfolgswahrscheinlichkeit am höchsten. Einige werden auch hier zu den „schwierigen" Aufgaben greifen, da sie die Hoffnung haben, sich noch steigern zu können und der Anreiz so dominant ist, dass sie eine etwas geringere Erfolgswahrscheinlichkeit akzeptieren.[75] Allerdings ist bei diesen erfolgsmotivierten Personen die Tendenz zu einer typischen Anspruchsniveausetzung eindeutig.[76] Ich denke, dass die gute Erklärung durch den Lehrer auch auf einen Schüler mit einem stark ausgeprägten Misserfolgsmotiv die Wirkung hat, dass er oder sie in der Situation eher erfolgsmotiviert handelt, als ein Schüler, der eine schlechte Erklärung bekommen hat.

---

[74] Vgl. auch Rudolph: Motivationspsychologie, S. 103.
[75] Vgl. Rheinberg, Falko und Regina Vollmeyer: Motivation, S. 75f.
[76] Vgl. auch Rufoph: Motivationspsychologie, S. 103.

5 Durchführung der Unterrichtseinheit und Reflexion

Wie bereits erläutert, habe ich mich dazu entschlossen, die fiktive Sprache der Klasse „schlechte Erkl." unstrukturiert und der Klasse „gute Erkl." strukturiert zu erklären. Bereits während der Erklärung in der Klasse „schlechte Erkl." sind Rückmeldungen und Fragen aufgekommen, die den Sinn meiner Erklärungen betrafen. Einige SuS wollten wissen, wieso sie das jetzt lernen müssen, welchen Nutzen sie davon haben und wieso sie nicht normalen Unterricht machen und für die nächste Arbeit lernen können. Rückfragen in Bezug auf das Verständnis der fiktiven Sprache habe ich in der Klasse keine erhalten. Als ihnen, nachdem der Fragebogen wieder eingesammelt worden ist, auch noch den Test zu der Sprache ausgeteilt wurde, protestierten einige der SuS und nannten das Argument, dass sie in der Zeit viel besser für eine andere Arbeit hätten lernen können und sie keine Lust auf diesen Test hätten. Von den 22 anwesenden SuS wählten bloß zwei Jungs und ein Mädchen den schweren, ein Junge und zwei Mädchen den mittelschweren und alle anderen 16 SuS den leichten Test. Es war allgemein unruhig in der Klasse, einige SuS legten bereits nach wenigen Minuten den Test an die Seite und beschäftigten sich mit anderen Schulaufgaben. Auf die Rückfrage, nachdem der Test nach 10 Minuten eingesammelt wurde, wer denn der Meinung sei, dass gut erklärt wurde, hat sich keiner der SuS gemeldet.

Meine Erwartungen an die Reaktion der SuS und die entstehende Unruhe in der Klasse wurden somit erfüllt. Um die Unruhe vergleichbar zu machen, soll sie auf einer Skala von 0-10 bei der 8 eingeordnet werden.

Den 25 SuS der Klasse „gute Erkl." wurde die fiktive Sprache strukturiert und deutlich erklärt. Ich habe ein Beispiel ausgewählt, an dem ich die Struktur der Nomen verdeutlicht habe und gemeinsam mit den SuS einen Satz übersetzt. Es wurden einige Rückfragen zum Verständnis der Sprache gestellt und meine Frage, ob noch etwas unklar geblieben wäre, wurde verneint. Die Klasse hat ruhig und konzentriert an dem Test gearbeitet und nach wenigen Minuten gaben die ersten SuS das Zeichen, dass sie fertig seien. 4 Mädchen und 1 Junge der Klasse griffen zu dem mittelschweren Test, 1 Mädchen und 1 Junge zu dem schweren und die restlichen 18 zu dem leichten Test. Auch in dieser Klasse lag ich mit meiner Vermutung richtig, dass die SuS konzentriert mitarbeiten werden und keine Unruhe aufkommt. Diese Klasse ordne ich auf der Skala bei einer 2 ein.

Wie der Manipulation-Check gezeigt hat, hat die Manipulation der SuS durch mich stattgefunden. Nicht nur mündlich haben die SuS das bestätigt, sondern auch mit der Antwort auf das Item Nr. 10 „*Mein Lehrer hat heute gut erklärt*". Die SuS der Klasse 8a („schlechte Erkl.") tendieren eher zu einer Verneinung auf diese Frage, während die SuS der Klasse 8c („gute Erkl.") eher zu einer Bejahung tendieren.[77]

---

[77] Siehe Anhang III, Grafik 8.: Klasse 8a („schlechte Erkl."): -0,136, Klasse 8c („gute Erkl."): +0,300.

6 Ergebnisse der zweiten Befragung

6.1 Darstellung der Ergebnisse des Fragebogens der zweiten Befragung im Vergleich zur ersten Befragung

Eine deutliche Übersicht der Antworten der zweiten Befragung beider Klassen bilden die folgenden Grafiken 3. und 4. ab. Wieder wird hier die Antworten in ihre vier Klassen gruppiert und prozentual in Relation zu der Gesamtanzahl der Antworten auf das Item dargestellt.

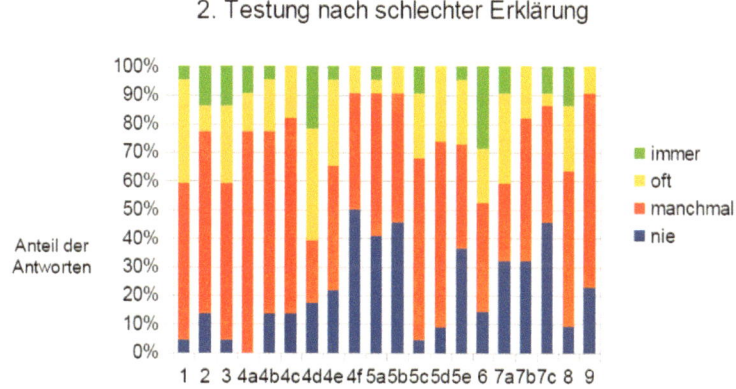

Grafik 3

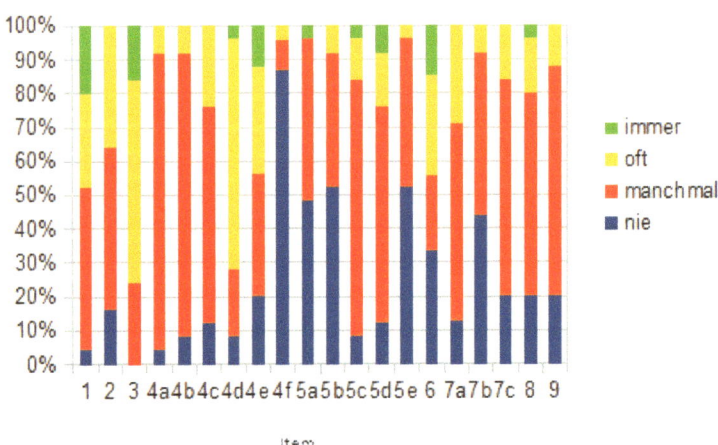

Grafik 4

Bei dem Vergleich der Fragebögen beider Klassen miteinander fällt auf, dass sich die Diskrepanz zwischen den beiden Klassen hinsichtlich der intrinsischen Motivation zur Schule zu gehen, verringert hat.[78]

---

[78] Vergleiche dazu Grafik 5. und Grafik 6..

Ergebnisse der zweiten Befragung

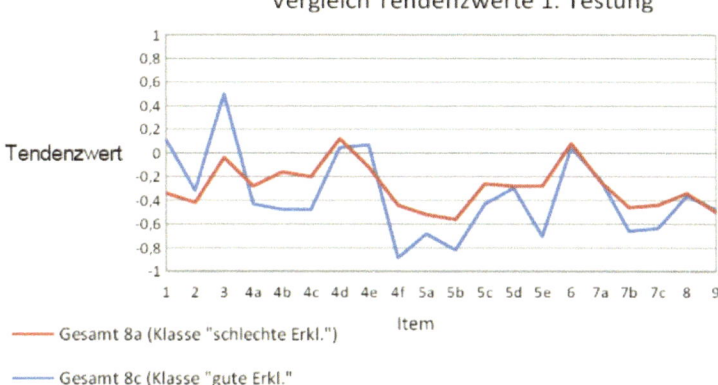

Grafik 5

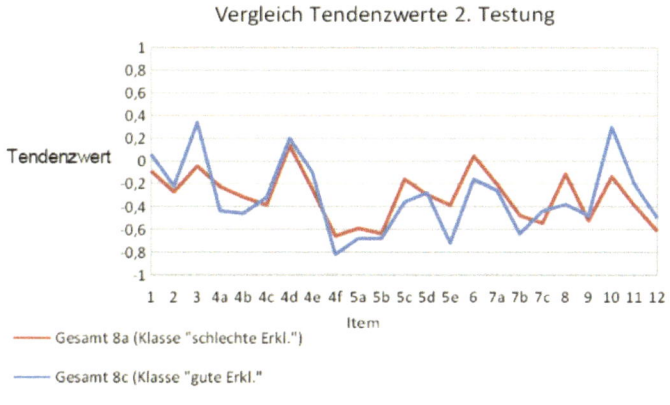

Grafik 6

Während sich die Antworten der Klasse 8c („gute Erkl.") auf das Item 1. *„Ich gehe gern zur Schule, weil ich dort etwas lerne."* und das Item 2. *„Ich gehe gern zur Schule weil ich von meinen Lehrern gute Noten bekomme"* kaum verändert haben, ist bei der Klasse 8a („schlechte Erkl.") ein deutlicher Anstieg von 0,249 Punkten bei Item 1. und kleiner Anstieg von 0,147 Punkten bei Item 2., und somit eine Annäherung zu den Antworten der Klasse 8c („gute Erkl."), zu erkennen. Leider ist in der Klasse 8c („gute Erkl.") die Motivation, im Unterricht aufzupassen, etwas gesunken, denn der Tendenzwert für das dritte Item fällt um 0,160 Punkten ab. Der Itemblock 4. zeigt, dass die internale Attribution der SuS der Klasse „schlechte Erkl.", wenn sie

33

ein Thema im Unterricht nicht verstanden haben, abgenommen hat, denn Item 4b. *"Wenn ich ein Thema im Unterricht nicht verstehe, habe ich mich nicht angestrengt."* und 4c. *"...liegt es daran, dass ich darin nicht gut bin."* verlieren 0,158 bzw. 0,186 Punkte. Zwar wird die Schuld kaum stärker dem Lehrer zugeschrieben als vor der Manipulation[79], dennoch ist die Motivation nach einer neuen Erklärung zu fragen um 0,130 Punkten gefallen.[80] Trotzdem geben noch mehr SuS an, nicht aufzugeben wenn sie etwas nicht verstehen.[81]

Die Antworten der Klasse „gute Erkl." hingegen zeigen, dass die internale stabile Attribution von einem nicht verstandenen Thema zugenommen hat. Die Antworten auf das Item 4c. *"Wenn ich ein Thema im Unterricht nicht verstehe, liegt es daran, dass ich darin nicht gut bin."* verändern sich von -0,477 auf -0,320 Punkten und somit steigt die Tendenz der SuS dieser Klasse, das Nicht-Verstehen eines Themas ihren eigenen Fähigkeiten zuzuschreiben. Gleichzeitig steigt auch hier die Tendenz, sich das Thema selbst zu erklären um 0,155 Punkten, während die Tendenz einen Lehrer nach einer erneuten Erklärung zu fragen um 0,92 Punkten abfällt.

In dem Fragenblock 5. stechen besonders die Antworten auf das Item 5b. *"Wenn mir ein Thema im Unterricht nicht gefällt, liegt es daran, dass ich in der Schule schlecht bin."*, 5c. *"... liegt es daran, dass es mir schlecht erklärt wurde."* und 5e. *"...passe ich nicht mehr auf."* hervor.

Die Tendenz der Klasse „gute Erkl.", die Ursache in der internalen und stabilen eigenen Kompetenz in der Schule zu suchen, wenn ihnen ein Thema im Unterricht nicht gefällt, steigt um 0,138 Punkten, während die Tendenz, es external der Erklärung des Lehrers zuzuschreiben, bloß um 0,072 Punkten steigt. Die externale Ursachenzuschreibung steigt bei der Klasse „schlechte Erkl." etwas mehr um 0,101 Punkten, doch ist hier auch deutlich zu sehen, dass das Interesse abfällt und die SuS angeben, eher nicht aufzupassen, wenn ihnen ein Thema nicht gefällt.[82] In beiden Klassen wird deutlich, dass sie nach der Erklärung meiner fiktiven Sprache eine geringere Motivation aufweisen, weitere Sprachen zu lernen. Besonders die Klasse

---

[79] Siehe Anhang III, Grafik 7. und Grafik 8.: Der Anstieg von Item 4a. liegt bei bloß 0,053 Punkten.
[80] Siehe Anhang III, Grafik 7. und Grafik 8. Item 4e.
[81] Siehe Anhang III, Grafik 7. und Grafik 8: Item 4f. zeigt einen deutlichen Abfall von 0,219 Punkten.
[82] Siehe Anhang III, Grafik 7. und Grafik 8.: Das Item 5e. fällt um 0,106 Punkte.

„gute Erkl.", die in der ersten Befragung angegeben hat, eher gerne eine neue Sprache zu lernen, lernt jetzt eher ungern noch eine Sprache.[83] Eine weitere sehr auffällige Veränderung nach der Manipulation, sind die Antworten auf das Item 7c. *„Grammatik im Unterricht würde ich am liebsten weglassen, weil ich es nicht kann."*. Im Vergleich zu der ersten Befragung geben weniger SuS der Klasse „schlechte Erkl." an, dass sie den Grammatikunterricht weglassen möchten, weil sie es nicht können.[84] Die Antworten der Klasse „gute Erkl." jedoch zeigen einen deutlich Abfall dieser Tendenz. Vorher lag die Tendenz dem Item 7c. nicht zuzustimmen bei 0,636 Punkten, jetzt nur noch bei 0,440 Punkten. Fast genauso groß ist der Sprung zwischen den Antworten der Klasse 8a („schlechte Erkl.") auf das Item 8., ob sie mehr Fehler bei Grammatikaufgaben machen als andere. Die Tendenz diese Aussage zu verneinen, hat um 0,226 Punkten abgenommen.

Die letzten drei Items (*„Mein Lehrer hat heute gut erklärt.", „Ich habe die Grammatikregeln der neuen Sprache verstanden."* und *„Wenn ich jetzt einen Test schreiben müsste, würde ich nur wenige Fehler machen."*), die nur bei der zweiten Befragung abgefragt wurden, zeigen, abgesehen von dem Manipulation-Check, dass die SuS beider Klassen die Grammatikregeln nicht verstanden haben und glauben, bei einem Test viele Fehler zu machen. Beide Klassen unterscheiden sich hier um 0,186 bzw. 0,114 Punkten, wobei die Klasse 8a („schlechte Erkl.") die niedrigeren Werte aufweist.

6.2 Interpretation der zweiten Befragung

6.2.1 Klasse „schlechte Erkl."

Meine Vermutung, eine deutlichere Diskrepanz zwischen beiden Klassen feststellen zu können, ist nicht eingetroffen. Die schlechte Erklärung scheint auf die Ursachenzuschreibung der SuS der Klasse 8a eher positive Auswirkungen zu haben. Ein Großteil der Items, die die internalen Attribution abfragen, weisen einen deutlichen Abfall des Tendenzwertes auf. Gleichzeitig ist das Bewusstsein der SuS für eine schlechte Erklärung und deren Auswirkung auf ihr Verständnis und ihr Gefallen an einem Thema gestiegen, denn die Items 4a. *„Wenn ich ein Thema im Unterricht nicht verstehe, hat mein Lehrer schlecht erklärt."* und 4c. *„"...liegt es daran, dass*

---

[83] Siehe Anhang III, Grafik 7. und Grafik 8: Das Item 6. fällt von 0,045 Punkten auf -0,160 Punkte.

[84] Siehe Anhang III, Grafik 7. und Grafik 8.: Das Item 7c. fällt um 0,105 Punkte.

ich darin nicht gut bin." zeigen einen Anstieg des Tendenzwertes. Auch wird ihr Ehrgeiz geweckt, denn deutlich weniger SuS geben an aufzugeben und nicht mehr aufzupassen, wenn sie das Thema nicht verstehen oder es ihnen nicht gefällt. Allerdings sinkt auch die Motivation und die Lust, eine neue Sprache zu lernen, und das Gefühl, bei Grammatikaufgaben mehr Fehler zu machen, als Andere, steigt. Hier wird der bereits erläuterte Zusammenhang von Misserfolg und Motivation deutlich, den Atkinson beschrieben hat. Auch wenn die SuS der Klasse „schlechte Erkl." eine niedrige intrinsische Motivation haben, zur Schule zu gehen, zeigen sie doch, dass sie nicht aufgeben und versuchen, die Themen zu verstehen. Die SuS zeigen mit der Antwort auf das letzte Item, dass ihre Furcht vor Misserfolg in dem Augenblick sehr hoch, und die Erfolgserwartung sehr niedrig ist.[85] Um den drohenden Misserfolg zu vermeiden, passen sie aber trotzdem noch auf und versuchen, das Thema doch noch zu verstehen. Die Motivation ist also noch vorhanden[86]. Sie sehen die Schuld für den drohenden Misserfolg (noch) nicht in sich selber, aber auch nicht bei der Erklärung des Lehrers. Bei einer konstant schlechten Erklärung und einem dauerhaften nicht Verstehen des Themas, würde, wie Atkinson ausführt, die Erfolgswahrscheinlichkeit weiter sinken, der Anreiz nicht mehr steigen und somit letztendlich auch die Motivation verschwinden. Einige der SuS haben vermutlich bereits vorher generell eine geringe Erfolgswahrscheinlichkeit gesehen, so dass die Motivation direkt abgefallen ist, was in Item 6. *„Ich lerne gerne eine neue Sprache."* deutlich wird. Auch wenn generell die allgemeine Motivation steigt, ist die spezifische Motivation etwas in dem Themenbereich zu lernen, in dem gerade ein Misserfolg erlebt wird, gesunken.

Diese Aussagen werde ich im Folgenden an einzelnen SuS exemplarisch konkretisieren.

---

[85] Siehe Anhang III, Grafik 7. und Grafik 8.: Vergleiche dazu Item 11 und Item 12.
[86] Siehe Anhang III, Grafik 7. und Grafik 8. Item 4f., 5e., und die Ausführungen zu Atkinson in Kapitel II.

6.2.2 Klasse „gute Erkl."

Die Klasse „gute Erkl." gibt eindeutig an, sowohl mündlich als auch in dem Fragebogen, dass ich ihnen die fiktive Sprache gut erklärt habe. Dennoch geben sie an, die Grammatikregeln nicht verstanden zu haben und schätzen, dass sie viele Fehler in dem Test machen. Die Tendenzwerte zeigen, dass diese Tendenz zwar nicht ganz so ausgeprägt ist, wie in der anderen Klasse, sie ist jedoch eindeutig. Die tatsächliche Leistung der SuS werde ich in einem folgenden Kapitel darlegen. Zunächst zu dem Fragebogen.

Die Betrachtung des Fragebogens hat gezeigt, dass die SuS der Klasse „gute Erkl." nach der guten Erklärung ein nicht verstandenes Thema stärker auf internale Ursachen beziehen, als sie es vorher angegeben haben.[87] Gleichzeitig steigt ihre Motivation, es sich selbst zu erklären, und es sinkt die Bereitschaft, den Lehrer nach einer erneuten Erklärung zu fragen. Dies erkläre ich damit, dass die SuS den Eindruck bekommen haben, dass ihnen eine weitere Erklärung durch den Lehrer nicht zum Verständnis hilft, da bereits gut erklärt wurde und das Verständnis trotzdem nicht eingesetzt hat. Sie erwarten größere Erfolge, wenn sie sich das Thema selbst erklären – hier ist ein Anstieg von 0,155 Punkten zu verzeichnen.[88] Aus eben dem gleichen Grund steigt die internale negative Ursachenzuschreibung, denn ihnen scheint es ganz klar, dass sie selbst schuld daran sind, dass sie das Thema nicht verstanden haben. Bei den SuS setzt das Gefühl ein, dass sie das Thema verstehen müssten und es nur wegen ihren eigenen Fähigkeiten nicht schaffen. Sie möchten den Grammatikunterricht vermeiden, weil sie denken, dass sie es nicht können und lernen weniger gerne eine neue Sprache, als vorher.[89] Die SuS der Klasse „gute Erkl." haben in dem ersten Fragebogen eine allgemein hohe Lernbereitschaft, eine hohe Motivation und eine hohe Erfolgserwartung gezeigt. Diese wurde durch das Gefühl, die Grammatik trotz einer guten Erklärung nicht verstanden zu haben, stark beeinflusst. Die gesunkene Erfolgswahrscheinlichkeit und der gesunkene Anreiz zeigt sich auch in dem Abfall des Tendenzwertes von Item 3. *„Im Unterricht aufzupassen ist mir wichtig."*, die sich um 0,160 Punkten verringert hat. Es ist den

---

[87] Siehe Anhang III, Grafik 7. und Grafik 8.: Item 4c. *„Wenn ich ein Thema im Unterricht nicht verstehe, liegt es daran, dass ich darin nicht gut bin."*.
[88] Siehe Anhang III, Grafik 7. und Grafik 8.: Item 4d. *„Wenn ich ein Thema im Unterricht nicht verstehe, habe ich mich nicht angestrengt."*.
[89] Siehe Anhang III, Grafik 7. und Grafik 8.: Item 4c. verzeichnet einen Anstieg um 0,143 Punkten, Item 5b. einen Anstieg von 0,138 Punkten und Item 7c. einen Anstieg von 196 Punkten. Die Zustimmung zu Item 6. fällt um 0,205 Punkte ab.

SuS nach dem Unterricht deutlich weniger wichtig im Unterricht aufzupassen, als es das noch bei der ersten Befragung war. Diese Ergebnisse zeigen, dass es neben einer guten Erklärung auch wichtig ist, das Thema stark einzugrenzen und das Vorwissen der SuS genau zu kennen. Ich nehme an, dass die fiktive Sprache für Achtklässler auf den ersten Blick zu komplex schien, um sie in so kurzer Zeit zu erlernen.

6.3 Darstellung und Interpretation der Ergebnisse der Leistungsabfrage

6.3.1 Klasse „schlechte Erkl."

Bei der Auswertung der Tests der Klasse „schlechte Erkl." wurde schnell klar, dass die Mädchen deutlich besser abschneiden als die Jungs. Der erste Satz wurde von den Mädchen zu 61,22% richtig übersetzt – von den Jungs nur zu 43,81%. Auch die folgenden Sätze weisen ähnliche Unterschiede auf.[90] Dementsprechend zeigt sich auch ein ähnliches Bild in der Einschätzung des Schwierigkeitsgrades des Tests: 42,86% der Mädchen gaben an, den Test als mittelschwer einzuschätzen und genauso viele empfanden ihn als schwierig. Nur 20% der Jungs schätzen ihn als mittelschwer ein, aber 73,33% der Jungs fiel der Test schwer. Insgesamt ergibt die Auswertung, dass die SuS der Klasse „schlechte Erkl." in jeder Aufgabe unter 50% richtige Antworten gegeben haben.[91] Es gaben 9,09% der SuS an, dass ihnen der Test leicht fiel, 27,27% empfanden ihn als mittelschwer und 63,64% als schwierig – und das obwohl 72,73% zu dem leichten Test griffen. Wie erwartet gab es bloß wenige SuS in dieser Klasse, die eine gute bis sehr gute Leistung erzielten. Eine davon ist die 16 jährige Schülerin Li[92], die angibt, neben Deutsch und Englisch auch Chinesisch und etwas Latein und Japanisch zu sprechen. Li hat zu dem mittelschweren Test gegriffen und von den 31 möglichen Punkten 28 Punkte erreicht. Ich nehme an, dass sie wegen ihrer umfangreichen Sprachkenntnisse, besonders von Sprachen verschiedener Sprachsysteme, schneller die komplexe fiktive Sprache begriffen hat. Für sie war ein agglutinierendes Sprachsystem nicht neu, da sie bereits

---

[90] Satz II wurde von dem Mädchen zu 57,14% richtig beantwortet und von den Jungs zu 28,33%, der Satz III von den Mädchen zu 63,27% und von den Jungs zu 33,33%. Aufgabe 2) konnte von den Mädchen zu 55,10% richtig beantwortet werden, von den Jungs nur zu 25,71% und Aufgabe 3) wurde von keinem Jungen richtig beantwortet, jedoch von 14,29% der Mädchen.

[91] Die richtigen Antworten in Prozent für die einzelnen Aufgaben lauten wie folgt: Satz I: 49,35%, Satz II: 37,50%, Satz III: 42,86%, Satz IV: 35,06%, Aufgabe 3): 4,55% und 4,55%.

[92] Alle Namen, auch die Folgenden, wurden aus Datenschutzgründen verändert.

Grundkenntnisse in Japanisch vorweisen kann. Aus dem Grund gab sie auch als eine von zwei SuS der Klasse „schlechte Erkl." an, dass ihr der Test leicht fiel.

Die größten Schwierigkeiten hatten die SuS der Klasse „schlechte Erkl." bei der dritten Aufgabe. Einige haben sie zeitlich nicht mehr geschafft, andere haben die grammatische Regel der Infinitivendung und die Konjugation nicht beachtet. Auch die in Kapitel 2. angesprochene Ausdauer spielt hier eine Rolle. Der vermeintliche Misserfolg in den ersten Aufgaben führt bei einigen SuS dazu, dass die Ausdauer abnimmt und die zweite Seite des Tests nicht mehr bearbeitet oder nur ein Fragezeichen in die Zeilen geschrieben wird. Eine weitere Schwierigkeit lag in dem Anhängen der einzelnen Morpheme. Markus zum Beispiel, ein 14 Jähriger Schüler der Klasse „schlechte Erkl.", der zu einem schwierigen Test gegriffen hat, hat die Ortsangabe *ti* zwar richtig erkannt, jedoch vor das Substantiv gestellt und nicht angehängt. Stattdessen hat er das Personalpronomen, das in diesem Fall auch das Subjekt des Satzes war, an das Verb angehängt und als Konjugation verwendet. Bei einigen SuS macht es den Eindruck, dass sie wahllos Buchstabenreihenfolgen aufgeschrieben haben, die den eigentlichen Wörtern der fiktiven Sprache von ihrer Anordnung her ähneln. Ein Beispiel dafür ist Sascha, der anstelle von *Xaaritaren Miloram Depsaarim* lieber *xarinnom Depoalum milotram* geschrieben hat. Er hat den schweren Test gewählt, aber nur 11 von 31 Punkten erreicht. Die meisten Wörter hat er gefunden, aber die Morpheme für Ort- und Richtungsangaben, sowie für Genus und Numerus hat er nicht angegeben. Außerdem hat er den Infinitiv nicht konjugiert. Diese Probleme sind bei mehreren SuS aufgetaucht, insbesondere das der fehlenden Konjugation. Ich vermute, dass dieses Problem dadurch entstanden ist, dass die SuS auch im deutschen nicht wissen, was ein Infinitiv ist. Das zeigt sich auch an der 2. Aufgabe, in der sie einen Satz aus der fiktiven Sprache in das Deutsche übersetzen sollten, und einige den Infinitiv *sein* im Deutschen nicht konjugiert haben. So auch Ralf, der den Satz IV mit *Die Stadt wir sein* (Richtig wäre gewesen: Wir sind in der Stadt) übersetzt hat.

6.3.2 Klasse „gute Erkl."

Auch die Schülerinnen der Klasse „gute Erkl." erzielen im Schnitt bessere Ergebnisse als die männlichen Schüler. Außerdem liegen sowohl die Jungs als auch die Mädchen im Schnitt über dem Durchschnitt der Jungs und dem der Mädchen der Vergleichsklasse. Insgesamt wurde die Aufgabe 2 von der Klasse „gute Erkl." sogar zu 82,29% richtig beantwortet, während der Satz von der Klasse „schlechte Erkl." nur zu 35,06% korrekt übersetzt wurde. Dieses unterschiedliche Ergebnis spiegelt sich auch in der subjektiven Einschätzung der Testschwierigkeit wieder. Zwar gab ein Schüler an, der Test sei weder leicht, noch mittelschwer noch schwer gewesen, sondern unmöglich, dennoch halten 48% den Test für mittelschwer. 6% empfanden ihn als leicht und 40% der SuS der Klasse „gute Erkl." als schwer. Die Klasse „gute Erkl." konnte so insgesamt 505 von 775 Punkten erzielen, was bedeutet, dass sie 65,16% der Tests richtig beantwortet haben. Das liegt deutlich über dem Ergebnis der Klasse „schlechte Erkl.", welches bei 264 von 682 Punkten, also bloß 38,71% liegt. Diese Ergebnisse zeigen, dass die gute Erklärung einen deutlichen Einfluss auf die Leistung der SuS hat. Selbst wenn man annimmt, dass die Klasse „gute Erkl." im Allgemeinen als leistungsstärker einzuschätzen ist und neue Themen schneller begreift, ist der Unterschied von knapp 30% im Zusammenhang mit der kurzen Erklärzeit doch groß genug, dass man von einem direkten Einfluss meiner Erklärung der fiktiven Sprache auf die Leistung ausgehen kann.

Es wird deutlich, dass Julia und Jasmin, zwei Schülerinnen der Klasse „gute Erkl.", die den mittelschweren Test gewählt haben, wie auch einigen anderen SuS, besonders der veränderte Satzbau Schwierigkeiten bereitet hat. Ich nehme an, dass die SuS so sehr mit dem scheinbar komplexeren Teil der fiktiven Sprache beschäftigt waren, dass sie vergessen haben, am Ende die Satzstellung zu verändern. Die erbrachte Leistung erweckt dennoch den Eindruck, dass die agglutinierende Grammatik verstanden wurde. Besonders die Tatsache, dass 66,67% der Mädchen dieser Klasse verstanden haben, wie ein Verb in der fiktiven Sprache gebildet wird, lässt darauf schließen.[93]

---

[93] Aufgabe 3 wurde von 66,67% der Mädchen richtig beantwortet, das Verb richtig konjugieren konnten 58,33% der Mädchen.

7 Interpretation der Veränderungen im Fragebogen und der Verbindung zur erbrachten Leistung

Die SuS mussten sich, nachdem sie den Fragebogen ausgefüllt haben, für einen leichten, einen mittelschweren oder einen schweren Test entscheiden. Trotz meiner Aussage, dass den leichten Test ungefähr 95% aller SuS schaffen, den mittelschweren ungefähr 60% aller SuS und den schweren nur ungefähr 25% bestehen, griffen in der Klasse „schlechte Erkl." drei SuS zu dem schweren und 3 SuS zu dem mittelschweren Test. In der Klasse „gute Erkl." wollten 5 SuS den mittelschweren Test bearbeiten, 2 SuS den schweren und die restlichen 18 SuS den leichten Test. Meine Erwartungen hinsichtlich der Auswahl des Schwierigkeitsgrades hat sich also nicht erfüllt. Die SuS beider Klassen haben größtenteils den leichten Test gewählt, was ich auf das Verständnis des Themas zurückführe. Trotz der guten Erklärung in der Klasse „gute Erkl.", die von der Klasse auch als solche erkannt wurde, haben viele Schüler angegeben, die Grammatik der fiktiven Sprache nicht verstanden zu haben und waren sich unsicher in der Bearbeitung. Der leichte Test hat die höchste Erfolgswahrscheinlichkeit, so dass die SuS sich erhoffen, ihn mit ihrem neu erworbenen Wissen bestehen zu können. Ein Großteil orientiert sich also wie erwartet an ihrer Kompetenz, schätzt sie nur als zu gering ein.

Im Folgenden möchte ich den Zusammenhang der Erklärung der fiktiven Sprache und der Motivation der SuS anhand jeweils drei hervorstechender SuS erläutern. Ich unterscheide dabei zwischen den ausgewählten Tests, um diesen Aspekt des Leistungsmotivs in meine Interpretation mit einzubeziehen.

7.1 Leichter Test Klasse „schlechte Erkl.": Martin

Martin ist 14 Jahre alt, gibt an Deutsch und Englisch zu sprechen und hat nach der Erklärung zu dem leichten Test gegriffen. Sein Fragebogen weist unmittelbar nach der schlechten Erklärung deutliche Unterschiede zu dem letzten Fragebogen auf. Die intenale Attribution hat deutlich zugenommen[94] und Martin traut sich

---

[94] Item 4b."*Wenn ich ein Thema im Unterricht nicht verstehe, habe ich mich nicht angestrengt.*": „stimmt manchmal" zu „stimmt immer", Item 4c. „*...liegt es daran, dass ich darin nicht gut bin.*": „stimmt manchmal" zu „stimmt oft", Item 5b. „*Wenn mir ein Thema im Unterricht nicht gefällt, liegt es daran, dass ich in der Schule schlecht bin.*": „stimmt nie" zu „stimmt manchmal, Item 7c „*Grammatik im Unterricht würde ich am liebsten weglassen, weil ich es nicht kann.*": „stimmt manchmal" zu „stimmt immer".

besonders im Bezug auf Grammatikaufgaben deutlich weniger zu, als vorher[95]. Zwar hat auch die externale Ursachenzuschreibung zugenommen[96], aber dennoch ist ein klarer Zusammenhang zwischen dem nicht verstandenen Thema und dem Selbstbild zu erkennen. Martin erkennt zwar, dass die Erklärung nicht gut war und eine Mitschuld an seinem Unverständnis trägt, aber trotzdem glaubt er, dass es auch immer mit seiner eigenen Anstrengung und oft mit seinen Fähigkeiten zusammen hängt. Er hegt eine generelle Abneigung gegen alle Themen in der Schule[97], gibt aber zusätzlich an, dass das mit der Erklärung der Lehrer zusammenhängt[98].

Martin hat kein stark ausgeprägtes Leistungsmotiv, was von der subjektiv geringen Erfolgserwartung und der großen Angst vor Misserfolgen herrührt. Er erklärt sich unverstandene Themen lieber selbst, als nach einer erneuten Erklärung zu fragen und

schätzt sich selbst manchmal schlechter ein als seine Mitschüler.[99] Es war zu erwarten, dass Martin nach dem leichten Test mit der höchsten Erfolgserwartung greift, dessen Erfolg ihm möglich erscheint, den er aber auf die Leichtigkeit des Tests beziehen kann. Er gibt an, dass ihm der Test leicht gefallen ist, aber dennoch erzielt er nur 6 von den möglichen 31 Punkten. Er hat lediglich ein paar der Wörter richtig aus der Vokabelliste ausgewählt, die Grammatik jedoch vollständig außer Acht gelassen.

7.2 Mittelschwerer Test Klasse „schlechte Erkl.": Li

Li gehört zu den Schülerinnen der Klasse „schlechte Erkl." die zu dem mittelschweren Test gegriffen hat und bei der nach der schlechten Erklärung eine deutliche

---

[95] Item 7c. (s.o.): „stimmt manchmal" zu „stimmt immer", Item 8. *„Bei Grammatikaufgaben mache ich mehr Fehler als andere"* und Item 9. *„Ich verstehe Grammatikregeln schneller als andere."*: „stimmt nie" zu „stimmt manchmal".

[96] Item 4a. *„Wenn ich ein Thema im Unterricht nicht verstehe, hat mein Lehrer schlecht erklärt.",* 5a. *„Wenn mir ein Thema im Unterricht nicht gefällt, liegt es daran, dass alle Themen im Unterricht blöd sind."* und 5c. *„....liegt es daran, dass es mir schlecht erklärt wurde."* jeweils von „stimmt oft" zu „stimmt immer".

[97] Item 5a. (s.o.) veränderte sich von „stimmt oft" zu „stimmt immer".

[98] Die Zustimmung für Item 5c (s.o.) hat sich von „stimmt oft" zu „stimmt immer" verändert.

[99] Siehe Items 4d. *„Wenn ich ein Thema im Unterricht nicht verstehe, versuche ich es mir selbst zu erklären."*: „stimmt immer" und 4e. *„Wenn ich ein Thema im Unterricht nicht verstehe, frage ich nach einer erneuten Erklärung."*: „stimmt nie" und 8. *„Bei Grammatikaufgaben mache ich mehr Fehler als andere."*: „stimmt manchmal".

Veränderung in dem Fragebogen zu verzeichnen ist. Besonders fällt auf, dass sich sich Meinung zu Item 4c., der Aussage, dass es an ihren Fähigkeiten liegt wenn sie ein Thema nicht versteht, von der absoluten Antwort „stimmt immer" zu der deutlich weniger absoluten und eher verneinenden Antwort „stimmt manchmal" verändert hat.[100] Demgegenüber steht die externale Attribution des Nicht-Verstehens, die sich verstärkt hat. Sie ist sich jetzt absolut sicher, dass die Erklärung des Lehrers schuld ist, wenn sie ein Thema nicht versteht oder nicht mag.[101] Obwohl sie angibt, dass sie die Grammatikregeln verstanden hat, glaubt sie, nicht wenige Fehler in einem Test zu machen. Das hängt vermutlich mit der eigenen Einschätzung zusammen, dass sie in Grammatikaufgaben mehr Fehler mache, als andere.[102] Ihr Leistungsmotiv scheint dennoch stark ausgeprägt zu sein, da der Anreiz eine gute Leistung zu erbringen und die Hoffnung auf Erfolg, trotz der eher niedrigen Erfolgswahrscheinlichkeit, hoch ist. Daher greift sie zu dem mittelschweren Test, dessen bestehen einen so großen Anreiz darstellt, dass die Erfolgswahrscheinlichkeit in den Hintergrund tritt. Die von mir als niedrig eingestufte Erfolgswahrscheinlichkeit bei dem schweren Test hingegen verringert ihre subjektive Erfolgswahrscheinlichkeit für diesen Test so stark weiter, dass die Hoffnung auf einen Erfolg hier zu gering wäre. Der leichte Test stellt für Li keinen Anreiz dar, denn er wurde von mir mit einer sehr hohen Erfolgswahrscheinlichkeit beschrieben. Den Erfolg bei dem mittelschweren Test kann Li internalen Ursachen zuschreiben, ihren eigenen Fähigkeiten, da nicht jeder diesen Test besteht. Li scheint sich nicht durchgehend sicher in ihren Fähigkeiten zu sein, handelt aber dennoch stark Leistungsorientiert. Sie nutzt die Klasse als Bezugsnorm und schätzt sich im Bezug auf Grammatikaufgaben selbst als schlechter ein, als ihre Mitschüler.[103] Diese Einschätzung ist von meinen Beobachtungen her unbegründet, denn ihr gefällt ihr das Thema und sie

---

[100] Auch Item 5b. *„Wenn mir ein Thema im Unterricht nicht gefällt, liegt es daran, dass ich in der Schule schlecht bin."* und 5d. *„Wenn mir ein Thema im Unterricht nicht gefällt, liegt es daran, dass ich es nicht kann."* haben sich zur Verneinung hin verändert, was auf eine geringere internale Attribution schließen lässt.

[101] Item 4a. *„Wenn ich ein Thema im Unterricht nicht verstehe, hat mein Lehrer schlecht erklärt."* veränderte sich von „stimmt oft" zu „stimmt immer" und Item 5c. *„Wenn mir ein Thema im Unterricht nicht gefällt, liegt es daran, dass es mir schlecht erklärt wurde."* bleibt bei „stimmt immer".

[102] Die Schülerin beantwortete in beiden Befragungen das Item 8. *„Bei Grammatikaufgaben mache ich mehr Fehler als andere."* mit „stimmt oft".

[103] Siehe Item 8. *„Bei Grammatikaufgaben mache ich mehr Fehler als andere."* und Item 9. *„Grammatikregeln verstehe ich schneller als andere.".*

erzielt im Klassendurchschnitt überdurchschnittlich gute Leistungen. Zusammengefasst ist die Entwicklung der Schülerin zu begrüßen, da die schlechte Erklärung, obwohl sie diese nicht als solche erkannt hat, ihre externale Ursachenzuschreibung verstärkt und ihre internale Ursachenzuschreibung verringert hat.

7.3 Schwerer Test Klasse „schlechte Erkl.": Sascha

Im Vergleich zur ersten Befragung weist Sascha kaum Unterschiede in seiner Attribution auf. Lediglich die absolute Verneinung dem Lehrer die Schuld an dem Unverständnis für ein Thema zu geben, hat er relativiert. Außerdem glaubt er nach der schlechten Erklärung, selbst immer mehr Fehler bei Grammatikaufgaben zu machen, als andere SuS.[104] Sascha gibt an, dass er die Grammatikregeln nicht verstanden hat und dass er erwartet, viele Fehler zu machen. Die Manipulation hat bei ihm funktioniert, denn er gibt an, dass ich eher nicht gut erklärt habe. Trotzdem hat Sascha sich für den schwierigen Test entschieden und nur 11 von 31 Punkten erzielt. Seine Furcht vor Misserfolg scheint sehr hoch zu sein und die Erfolgswahrscheinlichkeit sehr niedrig. Aus dem Grund greift er zu einem sehr schwierigen Test. Scheitert er, kann er so die Ursache dafür der Schwierigkeit des Tests zuschreiben, den meiner Aussage nach kaum ein Schüler besteht. Saschas Erfolgserwartung in der Schule ist sehr gering, denn er geht weder in die Schule um etwas zu lernen, noch weil er gute Noten bekommt. Er gibt allerdings auch an, dass er nur manchmal internale Gründe für sein Versagen in manchen Themenbereichen sieht.[105] Diese internalen Gründe sind allerdings stabil und spezifisch. Dass Sascha trotzdem noch angibt, dass es ihm oft wichtig ist, im Unterricht aufzupassen, er nicht aufgibt und er versucht, es sich selbst zu erklären wenn er etwas nicht versteht, zeigt, dass er noch etwas motiviert ist, eine bessere Leistung zu erzielen. Sein Selbstbild ist allerdings bereits so stark gesunken, dass er das Versagen auf seine allgemeinen Fähigkeiten und nicht auf seine Anstrengung bezieht. Die zwei Fragebögen zeigen, dass er sich nach der schlechten Erklärung eine noch schlechtere Leistung bei Grammatikaufgaben im Vergleich zu seinen Mitschülern erwartet, als vorher. Das Unverständnis der Grammatikregeln der fiktiven Sprache hat bei

---

[104] Item 4a. *„Wenn ich ein Thema im Unterricht nicht verstehe, hat mein Lehrer schlecht erklärt."* veränderte sich von „Stimmt nie" zu „Stimmt manchmal" und Item 8. (s.o.) von „Stimmt manchmal" zu „Stimmt immer".

[105] Siehe Item 4c. *„Wenn ich ein Thema im Unterricht nicht verstehe, liegt es daran, dass ich darin nicht gut bin."* und Item 5d. *„Wenn mir ein Thema im Unterricht nicht gefällt, liegt es daran, dass ich es nicht kann."*

Sascha auch das Gefühl geweckt, dass er lieber keine Grammatik im Unterricht lernen möchte, weil er sie nicht kann. Diese Faktoren zeigen, dass die schlechte Erklärung im Bereich der Grammatik möglicherweise einen direkten negativen Einfluss auf das Selbstbild der eigenen Fähigkeiten in diesem Bereich hat.

7.4 Leichter Test Klasse „gute Erkl.": Laura

Die Schülerin Laura ist ein Beispiel dafür, wie eine ihrer Meinung nach nicht verstandene, aber gute, Erklärung die Attribution von Misserfolgen beeinflussen kann, und wie stark sich in manchen Fällen das Selbstbild und die tatsächlichen Fähigkeiten eines Schülers unterscheiden können. Laura gibt im ersten Fragebogen noch an, dass sie nie gerne wegen guter Noten zur Schule geht. Im zweiten Fragebogen kreuzt sie an, dass das oft stimmt. Weiter hat sich ihre internale Attribution von einem nicht verstandenen Thema verstärkt[106]. Außerdem versucht sie nun lieber selbst, sich das Thema verständlich zu machen, denn das Item 4d veränderte sich von „stimmt nie" zu „stimmt oft". Ein weiteres Indiz dafür, dass sich die Selbsteinschätzung der Schülerin negativ verändert hat, sind die Items 5b, 5d und 7c. Allen drei Items stimmt Laura in der zweiten Befragung eher zu als in der ersten Befragung. Sie sieht den Grund dafür, dass ihr ein Thema nicht gefällt, nach der zweiten Befragung sogar oft in ihren mangelnden Fähigkeiten[107]. Laura glaubt zwar, dass sie nur „manchmal" mehr Fehler in Grammatikaufgaben macht als ihre Mitschüler, allerdings verstehe sie die Grammatikregeln auch nur manchmal schneller als andere und schätzt ihre Fehlerzahl in einem Test zur fiktiven Sprache hoch ein[108]. Meine Erklärung zu der Sprache beurteilt sie allerdings auch als eher schlecht[109]. Dieses negative Selbstbild spiegelt sich allerdings nicht in ihrer tatsächlichen Leistung wieder. Laura hat den leichten Test gewählt, da sie in diesem die höchste Erfolgswahrscheinlichkeit sieht und einen Erfolg auf externale Faktoren, wie den Schwierigkeitsgrad des Tests, beziehen kann. Sie erreicht in dem Test 26 von 31

---

[106] Item 4b. „Wenn ich ein Thema im Unterricht nicht verstehe, habe ich mich nicht angestrengt." und Item 4c. „...liegt es daran, dass ich darin nicht gut bin." veränderte sich von „stimmt manchmal" zu „stimmt oft".

[107] Siehe Item 5d. „Wenn mir ein Thema im Unterricht nicht gefällt, liegt es daran, dass ich es nicht kann.": von „stimmt manchmal" zu „stimmt oft".

[108] Item 8. „Bei Grammatikaufgaben mache ich mehr Fehler als andere." und 9. „Ich verstehe Grammatikregeln schneller als andere.": „stimmt manchmal" und Item 12 „Wenn ich jetzt einen Test schreiben müsste, würde ich nur wenige Fehler machen.": „stimmt oft".

[109] Item 10. „Mein Lehrer hat heute gut erklärt.": „stimmt manchmal".

Punkten und erzielt somit eines der besten Ergebnisse. Ihre Übersetzungen zeigen, dass sie die Grammatik grundlegend verstanden hat, denn sie bildet fast jedes Objekt und Subjekt richtig, bedenkt die veränderte Satzstellung, hat den Aufbau der Verben verstanden und konjugiert sie richtig[110]. Laura scheint ein gering ausgeprägtes Leistungsmotiv zu haben, das unter der großen Furcht vor Misserfolg und unter einer falschen und schlechten Einschätzung ihrer Kompetenzen leidet. Ihre extrinsische Motivation zur Schule zu gehen hat sich in den letzten drei Wochen deutlich verstärkt, was für ein steigendes Leistungsmotiv spricht[111]. Allerdings bezieht sie die Ursache für ihren Misserfolg oft auf internale Ursachen, wie ihre Anstrengung und ihre Fähigkeiten.

7.5 Mittelschwerer Test Klasse „gute Erkl.": Jasmin

In dem Fall von Jasmin lässt sich ein Unterschied zwischen der Motivation und dem Selbstbild vor und nach der Erklärung verzeichnen. Sie hat drei Wochen vor der zweiten Befragung angegeben, dass es „oft" stimmt, dass sie gerne eine neue Sprache lernt und dass es „manchmal" stimmt, dass sie Grammatikregeln schneller versteht als ihre Mitschüler. Nach der Erklärung haben sich beide Tendenzen stärker in Richtung der Bejahung verändert. Die Attributionen sind größtenteils gleich geblieben, lediglich die internale spezielle und die externale spezielle Attribution von Themen, die nicht gefallen, haben sich von „stimmt oft" zu „stimmt manchmal" verändert[112]. Jasmin gibt an, dass die Erklärung sehr gut war und dass sie die Grammatikregeln verstanden hat, dennoch rechnet sie damit, einige Fehler zu machen. Ihr Leistungsmotiv ist stark ausgeprägt, schließlich gibt sie auch in beiden Befragungen an, dass sie oft, beziehungsweise immer, gerne zur Schule geht, weil sie dort etwas lernt. Aus diesem Grund hat Jasmin auch zu dem mittelschweren Test gegriffen, der ihre Fähigkeiten prüft. Ihre subjektive Erfolgserwartung und ihr Anreiz sind hoch, einen Erfolg bei dem mittelschweren Test wird sie internalen Ursachen zuschreiben. Bei einem leichten Test ist der Anreiz für sie zu niedrig und bei einem

---

[110] Ein klares Indiz neben der Übersetzungen ist die Antwort auf Aufgabe 3: Laura denkt sich ein Verb mit der richtigen Endung (-*li*) aus und konjugiert es nach der vorgegebenen Konjugation. Damit ist sie unter den 8 SuS von 47 SuS insgesamt die die Aufgabe 3 vollständig richtig beantworten konnten.
[111] Siehe dazu Item 2. „Ich gehe gern zur Schule, weil ich von meinen Lehrern gute Noten bekomme.", dass sich von „stimmt nie" zu „stimmt oft" verändert hat.
[112] Vergleiche dazu Item 5c. *„Wenn mir ein Thema im Unterricht nicht gefällt, liegt es daran, dass es mir schlecht erklärt wurde."* und Item 5d. *„Wenn mir ein Thema im Unterricht nicht gefällt, liegt es daran, dass ich es nicht kann.".*

schweren Test die Erfolgswahrscheinlichkeit. Julias Fragebogen weißt ähnliche Merkmale auf, wie der Jasmins. Auch sie hat aus den gleichen Gründen zu einem mittelschweren Test gegriffen und beide haben nur wenige Fehler gemacht.

7.6 Schwerer Test Klasse „gute Erkl.": Mia

Eine der besten Leistungen hat Mia erbracht. Der zweite von ihr ausgefüllte Fragebogen unterschiedet sich kaum von dem ersten. Mia gibt nicht auf, wenn sie etwas nicht versteht oder ihr ein Thema nicht gefällt, sie hat eine sehr hohe Motivation, eine neue Sprache zu lernen, wenn auch ihre intrinsische sowie extrinsische Motivation zur Schule zu gehen nicht sehr stark zu sein scheint.[113] Sie glaubt nicht, dass sie in Grammatikaufgaben weniger Fehler macht und nur manchmal, dass sie die Grammatikregeln schneller versteht, als ihre Mitschüler. Trotzdem gibt sie an, dass sie die Grammatikregeln verstanden hat, glaubt aber nicht, dass sie bei einem Test nur wenige Fehler machen wird. Tatsächlich hat sie von 31 möglichen Punkten 30 Punkte erreicht und den „schweren" Test als „leicht" eingestuft. Mia hat ein sehr ausgeprägtes Leistungsmotiv und wegen des guten Verständnisses der Grammatik ihre Erfolgswahrscheinlichkeit für den schweren Test nicht als gering eingestuft. Außerdem war der Anreiz, den schweren Test zu schaffen, den sonst kaum einer schafft, für sie besonders groß. Mia hat angegeben, dass sie neben Deutsch auch Englisch und Französisch spricht, und gerade Spanisch und Esperanto lernt. Ich vermute, dass dieses große Interesse an verschiedenen Sprachen ihre Motivation meiner Erklärung zu folgen und den Test zu schreiben verstärkt hat.

---

[113] Siehe in beiden Fragebögen Item 6. *„Ich lerne gerne eine neue Sprache.":* „stimmt immer", Item 1. *„Ich gehe gern zur Schule, weil ich dort etwas lerne."* und Item 2. *„Ich gehe gern zur Schule, weil ich von meinen Lehrern gute Noten bekomme.":* „stimmt manchmal".

8 Abschließende Diskussion

Die Studie hat gezeigt, dass die Erklärung und somit die Erklärfähigkeit der LuL in direktem Zusammenhang mit der Motivation und der Leistung der SuS steht. Meine Erwartung, einen deutlichen Unterschied zwischen beiden Klassen nach der strukturierten beziehungsweise unstrukturierten Erklärung hinsichtlich der Motivation und der Leistung zu sehen, ist allerdings nur teilweise eingetroffen. Da den SuS die von mir ausgedachte Sprache sehr komplex erschien, setzte auch das Verständnis bei den SuS nicht ein, denen ich sie strukturiert erklärt habe. Zwar haben sie angegeben, dass die Manipulation geglückt ist, jedoch auch, dass sie die Grammatikregeln nicht verstanden haben. Die Grafik der Tendenzwerte veranschaulicht, dass die Diskrepanz zwischen den Antworttendenzen der Klassen nicht zugenommen hat. Stattdessen sinkt zwar die Motivation aufzupassen und zu lernen, wenn die SuS eine schlechte Erklärung bekommen, jedoch sinkt diese auch, wenn die SuS das Thema trotz einer guten Erklärung nicht verstehen. Merken die SuS, dass ihnen etwas gut erklärt wird, und verstehen es trotzdem nicht, nimmt die internale Attribution zu und das Selbstbild leidet. Der Schüler traut sich weniger zu, erwartet eine schlechte Leistung und bringt die gesunkene subjektive Erfolgswahrscheinlichkeit in der Wahl einer möglichst leichten Leistungsabfrage zum Ausdruck. Helmke betont in diesem Zusammenhang die Wichtigkeit der Diagnosekompetenz der Lehrkräfte. Er zeigt, dass die SuS trotz eines viel strukturierten Unterrichts einen deutlich geringeren Lernerfolg haben, wenn ein Lehrer eine geringe Diagnosekompetenz hat, als wenn er eine hohe Diagnosekompetenz aufweist. Der Lernerfolg der SuS bei einer niedrigen Diagnosekompetenz der LuL ist sogar geringer, wenn der Unterricht stark strukturiert ist, als wenn er nur wenig strukturiert ist.[114]

Den SuS, denen bewusst ist, dass ihr Lehrer schlecht erklärt hat, schreiben dieser schlechten Erklärung auch die Ursache für ihr mangelndes Verständnis zu. Trotzdem sinkt ihre Motivation.

Trotz allem ist ein deutlicher Unterschied zwischen der Leistung beider Klassen zu verzeichnen. Bekommen die SuS eine gute Erklärung, im Sinne einer strukturierten Erklärung, ist ihr Leistungszuwachs deutlich höher, als wenn sie eine schlechte Erklärung bekommen. Zwar schätzen die SuS ihre Fähigkeiten nicht so ein, trotzdem, oder gerade deshalb, wird die Auswertung und Bekanntgabe der Ergebnisse einen positiven Einfluss auf die Motivation und auf das Selbstkonzept der SuS mit einem

---

[114] Helmke: Unterrichtsqualität, S. 93f..

hohen Leistungsmotiv haben. Die SuS, deren Leistungsmotiv nur gering ausgeprägt ist, werden diesen Erfolg hingegen vermutlich auf den Zufall beziehen.

Meine Erwartungen hinsichtlich der akustischen Reaktion der SuS auf eine schlechte Erklärung wurden erfüllt. Die SuS werden unruhig und lassen den Lehrer verbal ihre Unlust spüren.

Zusammenfassend ist in dieser Arbeit deutlich geworden, wie komplex der Themenbereich der Motivationspsychologie im Zusammenhang mit den Erklärungen von LuL ist. Der direkte Einfluss auf das Selbstbild, die Motivation und letztendlich die Leistung der SuS, der unter Anderem von der Güte der Erklärung der LuL ausgeht, ist ersichtlich geworden. Aus diesen Gründen ist es wichtig, dass schon in der Lehrerausbildung auf die Schulung einer hohen Erklärkompetenz wert gelegt wird, die dann in den Jahren der Praxis weiter geschult werden kann. Allerdings darf dabei die Diagnosekompetenz nicht vergessen werden, denn eine noch zu gut strukturierte Erklärung führt zu keinem Lernerfolg, wenn der Wissensstand der SuS noch nicht für das Verständnis ausreicht.

Literaturverzeichnis

Atkinson, John W.: Einführung in die Motivationsforschung. Stuttgart: Klett 1975.

Chomsky, Noam: Knowledge of language: its nature, origin and use. New York [u.a.]: Praeger 1986.

Heckhausen, Jutta (Hrsg.): Motivation und Handeln: mit 45 Tabellen. 4. überarb. und erw. Auflage. Berlin [u.a.]: Springer 2010.

Helmke, Andreas: Unterrichtsqualität erfassen, bewerten, verbessern. Seelze: Kallmeyer und Klett 2007.

Himme, Alexander: Gütekriterien der Messung: Reliabilität, Validität und Generalisierbarkeit. - In: Sönke Albers, Daniel Klapper, Udo Konradt, Achim Walter, Joachim Wolf (Hrsg.): Methodik der empirischen Forschung. Wiesbaden: Gabler 2007. S. 375-390.

Ingenkamp, Karl-Heinz und Urban Lissmann: Lehrbuch der Pädagogischen Diagnostik. Weinheim und Basel: Barbara Budrich 2008.

Jerusalem, Matthias und Diether Hopf (Hrsg.): Selbstwirksamkeit und Motivationsprozesse in Bildungsinstitutionen. Zeitschrift für Pädagogik, 44. Beiheft. Basel: Beltz Verlag 2002.

Kiel, Ewald: Erklären durch Analogien oder Metaphern. - In: Janet Spreckels (Hrsg.): Erklären im Kontext. Neue Perspektiven aus der Gesprächs- und Unterrichtsforschung. Hohengehren: Schneider Verlag, 2009. S. 147-159.

Langens, Thomas A., Heinz-Dieter Schmalt und Kurt Sokolowski: Motivmessung: Grundlagen und Anwendungen. - In: Regina Vollmeyer und Joachim Brunstein (Hrsg.): Motivationspsychologie und ihre Anwendung. Stuttgart: Kohlhammer 2005. S. 72 – 91.

Meyer, Hilbert: Was ist guter Unterricht? Berlin: Cornelsen Scriptor 2004.

Meyer, Hilbert und Olaf Köller: Was ist eine gute Lehrerin/ ein guter Lehrer? - In: Cornelsen-Stiftung. Lehren und Lernen. Sommer-Uni 2013. www.cornelsen-stiftung-sommeruni.de (14.03.2017)

Mummendey, Hans Dieter und Ina Grau. Die Fragebogen-Methode. Göttingen: Hogrefe Verlag 2008.

Rheinberg, Falko und Vollmeyer, Regina: Motivation. Grundriss der Psychologie Band 6. Stuttgart: Kohlhammer 2012.

Rudolph, Udo: Motivationspsychologie Kompakt. Basel: Beltz 2009.

Schwarzer, Ralf: Streß, Angst und Handlungsregulation. Stuttgart: Kohlhammer, 2000.

Schwarzer und Jerusalem: Das Konzept der Selbstwirksamkeitserwartungen. - In: Hopf, Diether, und Jerusalem, Matthias. Selbstwirksamkeit und Motivationsprozesse in Bildungsinstitutionen: Basel: Beltz, 2002. S. 28-53.

Terhart, Ewald, Hedda Bennewitz und Martin Rothland (Hrsg.): Handbuch der Forschung zum Lehrerberuf. Münster, New York: Waxmann 2014.

Vollmeyer, Regina und Joachim Brunstein (Hrsg.): Motivationspsychologie und ihre Anwendung. Stuttgart: Kohlhammer 2005.

Westermann, Rainer: Methoden psychologischer Forschung und Evaluation. Grundlagen, Gütekriterien und Anwendungen. Stuttgart: Kohlhammer 2017.

Anhang

Anhang I.: Fragebogen und Test

Fragebogen

Name:

Klasse:

Alter:

Nationalität:

Geschlecht: m/w

Ich spreche folgende Sprache(n):

Bitte kreuze in jeder Zeile an, ob die Aussage *nie, manchmal, oft* oder *immer* stimmt. Entscheide nach deinem Bauchgefühl und spreche dich bitte nicht mit deinem Sitznachbarn ab, da das die Studie verfälschen würde.

Wichtig: Gib bitte deinen Namen an und antworte ehrlich, keiner deiner Lehrer bekommt die ausgefüllten Fragebögen zu sehen. Dein Name wird nach der Durchführung von mir durch eine Nummer ersetzt. Deine Antworten haben keine Konsequenzen auf deine Noten.

Nr.	Behauptung	Stimmt nie	Stimmt manchmal	Stimmt oft	Stimmt immer
1.	Ich gehe gern zur Schule, weil ich dort etwas lerne.				
2.	Ich gehe gern zur Schule, weil ich von meinen Lehrern gute Noten bekomme.				
3.	Im Unterricht aufzupassen ist mir wichtig.				
4.	Wenn ich ein Thema im Unterricht nicht verstehe, ...	**Stimmt nie**	**Stimmt manchmal**	**Stimmt oft**	**Stimmt immer**
a.	... hat mein Lehrer schlecht erklärt.				
b.	... habe ich mich nicht angestrengt.				

Anhang

Nr.	Behauptung	Stimmt nie	Stimmt manchmal	Stimmt oft	Stimmt immer
c.	... liegt es daran, dass ich darin nicht gut bin.				
d.	... versuche ich es mir selbst zu erklären.				
e.	... frage ich nach einer erneuten Erklärung.				
f.	... gebe ich auf und lerne es nicht.				
5.	Wenn mir ein Thema im Unterricht nicht gefällt, ...	Stimmt nie	Stimmt manchmal	Stimmt oft	Stimmt immer
a.	... liegt es daran, dass alle Themen in der Schule blöd sind.				
b.	... liegt es daran, dass ich in der Schule schlecht bin.				
c.	... liegt es daran, dass es mir schlecht erklärt wurde.				
d.	... liegt es daran, dass ich es nicht kann.				
e.	... passe ich nicht mehr auf.				
6	Ich lerne gerne eine neue Sprache.				
7.	Grammatik im Unterricht...	Stimmt nie	Stimmt manchmal	Stimmt oft	Stimmt immer
a.	... finde ich gut.				
b.	... würde ich am liebsten weglassen, weil man es nicht braucht.				
c.	... würde ich am liebsten weglassen, weil ich es nicht kann.				
8.	Bei Grammatikaufgaben mache ich mehr Fehler als andere.				
9.	Ich verstehe Grammatikregeln schneller als andere.				
10.	Mein Lehrer hat heute gut erklärt.				

Nr.	Behauptung	Stimmt nie	Stimmt manchmal	Stimmt oft	Stimmt immer
11	Ich habe die Grammatikregeln der neuen Sprache verstanden.				
12.	Wenn ich jetzt einen Test schreiben müsste, würde ich nur wenige Fehler machen.				

Danke für deine Mitarbeit!

Test (leicht)

Übersetze den Satz aus der deutschen Sprache in die fiktive Sprache.

I. *Sie lernen die Sprachen.*

Antwort: _____

II. *Der Schüler geht zu einem Freund.*

Antwort: _____

III. *Du lernst in der Schule.*

Antwort: _____

Übersetze den Satz aus der fiktiven Sprache ins Deutsche.

IV. *Guhudotiram juxalop fagujuxa.*

Antwort: _____

Du hast gesehen, wie in der fiktiven Sprache Verben gebildet werden. Denke dir ein Verb in der fiktiven Sprache aus, dass diesen Kriterien entspricht, und vervollständige damit den folgenden Satz.

Verb: *kaufen -*

Satz: Ich *kaufe* ein Eis.

Pafgutorel julop _____

Kreuze an:

Dieser Test fiel mir   *leicht* [ ]   *mittelschwer* [ ]   *schwer* [ ]

Anhang II.: Fiktive Sprache

Satzbau: Objekt – Subjekt – Verb

Nomen: keine Deklination; immer mit Artikel;

Plural – t wird direkt ans Nomen angehängt;

Ortsangaben werden mit -ti- und *Richtungsangaben* mit -ta- angezeigt und folgen (wenn benötigt) auf das Plural – t

Artikel: werden an das Ende des Bezugswortes angehängt; nur Singular, keine Deklination; Maskulinum, Femininum, Neutrum; Best. und unbest. Artikel

Genus	Maskulinum	Femininum	Neutrum
Best. Artikel	-ram	-ral	-ran
Unbest. Artikel	-rem	-rel	-ren

Stamm – t – Ort/Richtung – Artikel

Verben: enden immer auf -li im Infinitiv; Bsp: lernen: hidactali – hidactajom, hidactatulia, hidactarim,...

Konjugationstabelle:

Person	Endung
Ich	- jom
Du	- tulia
Er/Sie/Es	- rim
Wir	- juxa
Ihr	- misi
Sie	- lum

Vokabelliste

Deutsch	Fiktiv
Der Schüler	Milo, m
Die Sprache	Suki, n
Die Schule	Huulam, f
Der Freund	Xaari, n
Die Stadt	Guhudo, m
Das Eis	Pafguto, f
gehen	Depsaali

lernen	Hidactali
sein	Faguli

Personalpronomen

Deutsch	Fiktiv
Ich	Julop
Du	Tulop
Er	Enilop
Sie	Enalop
Es	Enulop
Wir	Juxalop
Ihr	Milop
Sie	Lulop

Beispielsatz

Die Schüler gehen zur Schule.

/milotram/ /depsaalum/ /huulamtaral/

→ Huulamtaral milotram depsaalum.

Anhang

Anhang III.: Auswertungstabellen

8a			Anzahl:	25		8c			Anzahl:	22	
Item	nie	manchmal	oft	immer	Tendenzwert	Item	nie	manchmal	oft	immer	Tendenzwert
1	2	18	5	0	-0,340	1	1	8	11	2	0,114
2	4	17	4	0	-0,420	2	2	15	5	0	-0,318
3	3	10	10	2	-0,040	3	0	3	13	6	0,500
4a	3	15	7	0	-0,280	4a	1	19	2	0	-0,432
4b	3	12	10	0	-0,160	4b	3	17	2	0	-0,477
4c	3	14	6	2	-0,200	4c	5	14	3	0	-0,477
4d	3	8	8	6	0,120	4d	6	2	12	2	0,045
4e	4	11	7	3	-0,120	4e	3	7	8	4	0,068
4f	10	10	2	3	-0,440	4f	19	2	1	0	-0,886
5a	11	9	5	0	-0,520	5a	10	11	1	0	-0,682
5b	11	10	4	0	-0,560	5b	14	8	0	0	-0,818
5c	1	18	5	1	-0,260	5c	4	15	2	1	-0,432
5d	3	15	7	0	-0,280	5d	3	13	6	0	-0,295
5e	6	11	7	1	-0,280	5e	13	7	2	0	-0,705
6	3	10	4	8	0,080	6	6	3	9	4	0,045
7a	8	8	6	3	-0,240	7a	2	13	7	0	-0,227
7b	10	10	3	2	-0,460	7b	11	9	2	0	-0,659
7c	11	8	4	2	-0,440	7c	13	6	2	1	-0,636
8	7	11	6	1	-0,340	8	3	14	4	0	-0,364
9	8	13	4	0	-0,500	9	5	14	3	0	-0,477

Grafik 7.: Auswertungen 1. Testung

8a „schlechte Erkl."			Anzahl:	22		8c „gute Erkl."			Anzahl:	25	
Item	nie	manchmal	oft	immer	Tendenzwert	Item	nie	manchmal	oft	immer	Tendenzwert
1	1	12	8	1	-0,091	1	1	12	7	5	0,060
2	3	14	2	3	-0,273	2	4	12	9	0	-0,220
3	1	12	6	3	-0,045	3	0	6	15	4	0,340
4a	0	17	3	2	-0,227	4a	1	22	2	0	-0,440
4b	3	14	4	1	-0,318	4b	2	21	2	0	-0,460
4c	3	15	4	0	-0,386	4c	3	16	6	0	-0,320
4d	4	5	9	5	0,136	4d	2	5	17	1	0,200
4e	5	10	7	1	-0,250	4e	5	9	8	3	-0,100
4f	11	9	2	0	-0,659	4f	20	2	1	0	-0,820
5a	9	11	1	1	-0,591	5a	12	12	0	1	-0,680
5b	10	10	2	0	-0,636	5b	13	10	2	0	-0,680
5c	1	14	5	2	-0,159	5c	2	19	3	1	-0,360
5d	2	15	6	0	-0,295	5d	3	16	4	2	-0,280
5e	8	8	5	1	-0,386	5e	13	11	1	0	-0,720
6	3	8	4	6	0,045	6	9	6	8	4	-0,160
7a	7	6	7	2	-0,205	7a	3	14	7	0	-0,260
7b	7	11	4	0	-0,477	7b	11	12	2	0	-0,640
7c	10	9	1	2	-0,545	7c	5	16	4	0	-0,440
8	2	12	5	3	-0,114	8	5	15	4	1	-0,380
9	5	15	2	0	-0,523	9	5	17	3	0	-0,480
10	2	12	6	2	-0,136	10	1	6	13	5	0,300
11	7	10	3	2	-0,386	11	4	12	8	1	-0,200
12	11	8	3	0	-0,614	12	9	12	3	1	-0,500

Grafik 8.: Auswertung 2. Testung

57